Für Hilde
Vaduna

Herzlich

Inge Borkh —

2011

Allitera Verlag

Sie gehört zu den großen Legenden der Oper. Ihre Aufnahmen sind Kult. In diesem Buch erzählt INGE BORKH ihre Geschichte: siebzig Theaterjahre, randvoll mit Erfolgen und Enttäuschungen, Herausforderungen und Schwierigkeiten. Auf der Bühne war sie die Frau für alles Extreme. Doch nicht nur als Salome und Elektra, diesen höchst anspruchsvollen Rollen von Richard Strauss, hat Inge Borkh Geschichte gemacht: Sie war Tosca und Turandot, Magda Sorel und Mona Lisa, Medea und dreifache Lady Macbeth (Verdi, Schostakowitsch, Bloch). Im damals noch jungen »Musik-Theater« verkörperte sie während der 50er und 60er Jahre den Idealtypus des singenden Darstellers: Sie sang nicht, sie spielte nicht, sondern lebte in ihren Rollen ein zweites Leben – immer in der Überzeugung, dass Oper kein Spiegelbild des Alltags sein darf, sondern immer mit Überhöhung zu tun haben soll.

In Gesprächen mit dem Musikjournalisten Thomas Voigt schildert Inge Borkh ihr Leben als Schauspielerin, Sopranistin, Diseuse und Lehrerin. Ein Leben für das Theater, reflektiert von intensiver Beschäftigung mit Religion und Philosophie, kommentiert mit Selbstironie und Humor.

THOMAS VOIGT, geboren 1960 in Hagen/Westfalen, studierte Germanistik, Evangelische Theologie und Soziologie in Bochum. Er war Redakteur der Zeitschrift »Opernwelt« sowie Chefredakteur des Klassik-Magazins »Fono Forum« und arbeitet seit 2004 als freischaffender Journalist, Dozent und Moderator. Voigt ist Autor der Interview-Biographie »Martha Mödl. So war mein Weg« und Co-Autor der TV-Dokumentation »Fritz Wunderlich – Leben und Legende«.

Nicht nur Salome und Elektra

Inge Borkh im Gespräch mit Thomas Voigt

Allitera Verlag

Weitere Informationen über den Verlag und sein Programm unter:
www.allitera.de

Mai 2011
Allitera Verlag
Ein Verlag der Buch&media GmbH, München
© 2006 Buch&media GmbH
Umschlaggestaltung: Kay Fretwurst, Freienbrink
Printed in Europe
ISBN 978-3-86906-170-2

Inhalt

Damit etwas bleibt 7
Vorwort von Inge Borkh

Begegnungen mit Inge Borkh 9
Vorwort von Thomas Voigt

Man lebt nur zweimal 14
Fidelio · Verwandlungskunst oder Charakterlosigkeit? · Persönlichkeit · »Bloß keinen Alltag!« · Die Frau ohne Schatten · Magda Sorel · Tosca · Salzburg 1941 · Unbeschadet durchs »Dritte Reich« · Wagner-Rollen · Turandot · Abschied von der Salome · Ein Leben mit Elektra · Katharsis und Außer-sich-Sein

Ein Theaterkind 26
Konsul Simon und Gretel Neumann · Eine getreue Kopie der Mutter · Unordnung und Spontaneität · Erste Aufnahmen · Vom Schauspiel zur Oper · Briefe aus Mailand · Anfängerjahre in Luzern · Briefe aus Salzburg · Von der Koloratur zum dramatischen Fach

Der Durchbruch 44
Mutterbindung und erste Ehe · Menottis »Konsul« in Basel · Heinz Tietjen · »Der Konsul« in Berlin · Fahrstunden oder »Salome« in Paris?

Alexander Welitsch 50
»Pass gut auf unsere Inge auf!« · Salome kriegt Jochanaan · Zwischen Mutter und Mann · »Wilde Ehe« in den 50er Jahren · Der Trick mit den Pässen · »Eine Emanzipierte war ich nie« · Auftritte im Doppel-Pack · Günther Rennert und der Bruch mit München · Eifersucht und Affären · »Lass mich doch einfach nur sein«

Opera's Red Letter Day 61
San Francisco 1953 · Kein Geschenk für Adler · Hollywood Bowl · Rudolf Bing · Die Kritiken der Claudia Cassidy · Briefe aus Chicago · »Elektra« mit Fritz Reiner · Luben Vichey und die NCAC ·

Maria Callas und die PR-Maschinerie · Das geplatzte Konzertkleid · Met-Debüt mit »Salome« · Dimitri Mitropoulos · »Elektra« an der Met · The American Way of Life

Höhenflüge und Niederlagen 85
Herbert von Karajan · Licht und Schatten in Wien · Buhs für den »Holländer« · Karl Böhm · Tränen in Dresden · Solti, Krips, Keilberth · München 1963: »Die Frau ohne Schatten« · Kollegen · Carlos Kleiber und die verhinderte »Elektra«

Glanz und Elend der Opernregie 101
Wieland Wagner und Bayreuth · Experiment »Siegfried« · Brief von Harry Buckwitz · Oper in Italien · Margherita Wallmann und »La Fiamma« · Carl Ebert und »Medea« · Oper auf Deutsch · Regiehandwerk und Scharlatanerie

Von Schönberg bis Tal 112
Schönbergs Gurrelieder · »Oedipus Rex« mit Bernstein · »Katerina Ismailova« · Erbsen zählen mit Orff und Leitner · »Die irische Legende« in Salzburg · »Alkestiade« und »Ashmedai« · Brief von Josef Tal

Nach der Oper 122
Zu früh aufgehört? · Kleinkunst · Gesungene Memoiren · Zurück zum Schauspiel? · Unterricht · Reisen

Kunst und Leben 130
Hören und Zuhören · Freundschaft · Meditationskurs · Humor · Schreiben und Lesen · Religiosität · Künstler und Mensch-Sein · »Ein Luxus, der Not tut« · Leeres Virtuosentum · Verwandlung · Baumeister des eigenen Lebens

CD-Hinweise 140
Danksagung 144
Namensregister 145
Bildnachweis 147

Damit etwas bleibt

Normalerweise schreiben Sänger und Schauspieler im Leben nur ein einziges Buch – ihre Memoiren. Das habe ich vor einigen Jahren getan, und somit könnte ich mich wieder ganz dem Lesen widmen. Aber es gab immer wieder Phasen, in denen ich über ein neues Buch nachdachte. Nur sollte es eben nicht ein Zweitbuch sein, nicht die zweite Folge meiner Memoiren. Etwas anderes schwebte mir vor, doch was genau? Da ich in meinen Überlegungen nicht weiterkam, wartete ich auf einen Anstoß von außen. Der kam dann auch, in Form eines wunderbaren Artikels von Thomas Voigt zu meinem 80. Geburtstag. Da wir uns schon seit sechzehn Jahren kennen (zum ersten Mal trafen wir uns 1990 in der Jury eines Gesangswettbewerbs in Wien), rief ich ihn an und erzählte ihm von meinen Plänen für ein neues Buch. Er bot mir spontan seine Mithilfe an und schlug vor, das Ganze in Interview-Form zu machen. Zwar konnte das Konzept nicht sogleich realisiert werden, doch entwickelte sich im Laufe der folgenden Jahre eine Freundschaft, die Alters- und Erfahrungsunterschiede hinwegfegte und schließlich dazu führte, dass wir die Gratwanderung des Erinnerns, Erzählens und Verschweigens miteinander gehen konnten. Nach meinem »Monolog« im ersten Buch erschien mir die Dialogform besonders reizvoll, kann sie doch insgesamt lebendiger wirken, indem sie Fragen und Widersprüche ermöglicht, die man als Ich-Erzähler kaum formulieren kann – es sei denn, man spricht mit sich selbst, wie Peter Ustinov in manchen Kapiteln seiner Biographie.

Nun bin ich seit siebzig Jahren eine leidenschaftliche Briefschreiberin; fast alle meine Briefe, angefangen von meiner Studienzeit in Mailand 1940/41, sind dank der Ordnungsliebe meiner Mutter erhalten geblieben. Von diesem Material wollte ich einige markante Passagen einbringen, und darum gibt es in unserem Buch nicht nur den Wechsel im Dialog, sondern auch einen Wechsel der Zeitebenen.

Falls es bei der Schilderung meiner ersten dreißig Jahre (1921–1951) Ungenauigkeiten geben sollte, so liegt das daran, dass aus dieser Zeit nur Weniges überliefert ist. Die »Lebensbücher«, die meine Mutter in liebevoller Detailarbeit zusammenstellte (Fotos, Briefe, Besetzungszettel, Kritiken), wurden von meinem ersten Ehemann in böswilliger Absicht vernichtet. Dadurch wurde ich um viele Erinnerungen gebracht, die ich nicht mehr aus dem Gedächtnis hervorholen kann.

Hingegen ist die Zeit danach, vom Beginn meiner internationalen Karriere mit Menottis »Konsul« im Frühjahr 1951 bis zu meinem Abschied von der Opernbühne im Jahr 1973, derart umfangreich dokumentiert, dass wir uns beim Verfassen des Buches immer wieder in der Kunst des Weglassens üben mussten.

Der nächste Schritt war die Suche nach einem Verleger. Auch da kam mir wieder ein Freund zu Hilfe: Staatsintendant Klaus Schultz. Wir kennen uns seit den 60er Jahren, als wir beide in Frankfurt an der Oper waren. Er führte uns zu Wolfram Göbel, der nun unser Buch professionell und liebevoll betreut. Für das uns entgegengebrachte Vertrauen möchte ich ihm an dieser Stelle von Herzen danken. Ebenso gilt mein Dank meinen Freunden Klaus Schultz und Thomas Voigt – für herzliche Zuneigung, tatkräftige Unterstützung und viele gute Gespräche.

Vielleicht wird sich der eine oder andere Leser fragen: Warum macht eine 85-Jährige, die von kleinen Behinderungen abgesehen für ihr Alter noch sehr agil ist, sich die Arbeit, ein weiteres Buch zu schreiben? Meine ehrliche Antwort ist: Weil ich möchte, dass nach meinem Tod etwas bleibt. Etwas bleibt von dem, was ich in meiner Laufbahn als Sängerin und in meinem Leben für wesentlich gehalten habe.

Inge Borkh, Juni 2006

Inge Borkh bei der Feier zum ihrem 85. Geburtstag, Prinzregententheater München am 29. Mai 2006

Begegnungen mit Inge Borkh

Sie war meine erste Elektra. Nicht live (leider, der Nachteil der späten Geburt), sondern in der klassischen Dresdner Aufnahme unter Karl Böhm. Ich war zu dem Zeitpunkt zwölf, und die Aufnahme wurde Teil meines Alltags – nein, sie ließ mich den Alltag besser ertragen. Was waren unangenehme Schulstunden im Vergleich zu dieser herrlich hysterischen, ekstatischen, besessenen Elektra? Lästige Mücken, nichts weiter.

Die Orest-Szene wusste ich damals noch nicht richtig zu schätzen. Was ich mit wachsender Begeisterung hörte, war die Szene zwischen Elektra und Klytämnestra (Jean Madeira, deren satter, erdiger Kontraalt wie eine Orgel tönte). Noch beim x-ten Mal fand ich dieses Duell so spannend wie die Szenen zwischen Bette Davis und Olivia de Havilland in »Wiegenlied für eine Leiche«.

Heute, mehr als dreißig Jahre später, höre ich vieles mit anderen Ohren. Doch diese Dresdner »Elektra« ist eine Konstante geblieben, und je öfter ich sie höre, desto mehr schätze ich sie. Vor allem, weil man hier hautnah erlebt, was einem die Apologeten des »Musik-Theaters« so oft versprechen und so selten halten: die Einheit von Ton und Wort, von Musik und Schauspiel.

Inge Borkh als Elektra: Das ist keine »Hochdramatische«, sondern die vollkommene Verschmelzung von Darstellerin und Figur. Keine Rachefurie, sondern eine Kämpferin für Recht und Gerechtigkeit. Zugleich eine unendlich Einsame. Eine seelisch Versehrte, die sich immer wieder ihre alten Wunden aufreißt. Wenn sie den Geist des Vaters oder das Traumbild des Bruders beschwört, klingt die Stimme anrührend weich. Und wenn sie sich den Tag des großen Gerichts in blutigen Details ausmalt, hat ihre Besessenheit nichts Abstoßendes. Selbst beim Triumph über Klytämnestra (»Ich steh da und seh dich endlich sterben!«) erregt sie mehr Mitleid als Grauen.

Ich kenne keine Elektra, die die Balance von Legato und Parlando, die ganze Bandbreite vom innigsten Seelenton bis zur totalen Ent-Äußerung so überzeugend gebracht hat wie sie. Allein wie sie jene Phrase artikuliert, mit der in der LP-Ausgabe die zweite Seite endete: »Mein Kopf! Mir fällt nichts ein! Worüber freut sich das Weib?« Wer das nicht von Inge Borkh gehört hat, hat diese Stelle nie gehört.

»Mein Kopf! Mir fällt nichts ein! Worüber freut sich das Weib?«
Elektra in Frankfurt, um 1960

»Nicht nur Salome und Elektra«: Als Expressionistin des damals noch jungen (und weitgehend unschuldigen) Musik-Theaters hat sich Inge Borkh fast nur Rollen zu Eigen gemacht, die ihrem starken Darstellungsdrang entsprachen: die extremen. »Fidelio«-Leonore und Magda Sorel, Antigone und Medea, Tosca und Turandot, Lady Macbeth und Katarina

Ismailova (alias Lady Macbeth von Mzensk) – alle überlebensgroß im Hass und im Leid, in der Liebe, in der Einsamkeit. Und Inge Borkh hat sich ihnen rückhaltlos ausgeliefert, in der unerschütterlichen Überzeugung, dass Oper kein Spiegelbild des Alltags sein darf, dass Theater immer mit Überhöhung zu tun hat.

Außerhalb der Bühne lebt sie lieber in Harmonie mit sich und ihrer Umwelt. Als wir uns zum ersten Mal begegneten, 1990 bei einem Gesangswettbewerb in Wien, traf ich eine elegante Sportlerin: groß, kräftig und von beneidenswerter Kondition. Auffällig auch ihr Sprachgestus: sehr akzentuiert in der Diktion, mit dreifachen /r/ und /s/, jeder Vokal und Konsonant so prägnant wie aus dem »Kleinen Hay«. Diese Sprach-Schule hatte sie schon als Kind verinnerlicht, um ihr Stottern loszuwerden.

Unvergessen bleibt mir der gemeinsame Besuch einer Meisterklasse in der Kölner Oper. Die Meisterin, die ihren Unterricht der Öffentlichkeit präsentierte, war gnadenlos. Die jungen Sänger mussten derart viel einstecken, dass einem heiß und kalt wurde. Inge Borkh verkrallte sich in meinem Arm. »Thomasss!«, zischte sie, »Dasss halte ich nicht ausss! Ich gehe gleich!« Die ersten Köpfe drehten sich zu uns um. »NEIN!«, erhob sie die Stimme zu voller Elektra-Präsenz, »ich gehe JETZT!!« Sprach's und schritt laut schimpfend hinaus. Applaus von einigen Zuschauern, Rufe der Zustimmung. Aber auch Gegenstimmen. Tumult in der Oper. Einen Moment schien es so, als müsste die Präsentation abgebrochen werden.

Wesentlich entspannter und amüsanter waren unsere gemeinsamen Veranstaltungen, in Düsseldorf, in Essen und bei den Richard-Strauss-Festspielen in Garmisch. Aus dieser Zeit stammen die ersten Gedanken zum vorliegenden Buch.

Was neben Optimismus und Begeisterungsfähigkeit bei Inge Borkh sofort auffällt, ist ihre ungeheure Vitalität. Ich habe in den vergangenen zwanzig Jahren etliche Künstler kennen gelernt, die mit Mitte achtzig noch sehr aktiv sind. Aber Inge Borkh ist kaum zu toppen. Sie ist von fast schon einschüchternder Energie, bewältigt spielend ein Reisepensum, das mir schon beim bloßen Gedanken Stress macht. Wer sie treffen will, muss lange vorausplanen: »Das wird schwierig, mein Lieber. Montag muss ich nach München, Konzert mit Jansons. Dann bleibe ich dort, denn am Donnerstag ist Kissin noch mal in der Philharmonie. Freitag bin ich in Baden-Baden, von dort fahre ich nach Basel für zwei Tage, dann geht es weiter nach St. Gallen. Am 18. packe ich für Wien, bleibe bis zum 24. dort … aber vielleicht könnten wir danach – ach nein, ich seh gerade, da ist der Liederabend mit Gerhaher in München … hmmm …«

Dass sie in der heißen Phase unserer Manuskript-Produktion ganze zwei Wochen am Stück (!) zu Hause blieb, weiß ich sehr zu schätzen. Das Material, das in ihrer Wohnung im Stuttgarter Augustinum zur Durchsicht bereitlag, hätte locker für drei Bücher gereicht. Auch wenn die »Lebensbücher« der ersten zehn Opernjahre mutwillig vernichtet wurden, ist das Bühnenleben von Inge Borkh umfassend dokumentiert: Fotos, Kritiken und Kommentare zu jeder Neuproduktion und jedem wichtigen Gastspiel. Mutter Simon hat alles sorgfältig eingeklebt und kommentiert, auch sämtliche Briefe, die ihre Tochter ihr geschrieben hat – von 1939 bis 1986.

All das durchzugehen war für mich wie eine Reise mit der Zeitmaschine. Die diffusen Bilder, die ich beim Anhören diverser Aufnahmen vor Augen hatte, wurden plötzlich glasklar. Für mehrere Tage lebte ich im Berlin von 1951, im San Francisco von 1953, im New York von 1958.

Dass mir Inge Borkh sämtliche Briefe zur Durchsicht auf »brauchbare Passagen« mit nach Hause gab, hat mich als Ausdruck ihres Vertrauens sehr gerührt – und zugleich auch etwas beunruhigt: Die Grenzen zwischen journalistischer Neugier und blankem Voyeurismus sind fließend, und ich fühlte mich unwohl bei dem Gedanken, womöglich Dinge zu lesen, die mein Bild von der Künstlerin und von dem Menschen, den ich sehr schätze, »beschädigt« hätten. Die Sorge war unbegründet. Sicher, bei den Briefen der 20-Jährigen von den Salzburger Festspielen 1941 wurde ich öfters nachdenklich angesichts der Tatsache, dass da Krieg und Diktatur fast völlig ausgeblendet wurden (auch davon wird später noch die Rede sein). Doch in den Briefen aus späteren Jahren lernte ich einige wesentliche Charakterzüge kennen und schätzen, die ich bis dahin nur oberflächlich kannte.

Portrait 2001

Neben der Kunst des Singens geht es in diesen Briefen hauptsächlich um die Kunst des Lebens. Varianten des Themas »Jeder ist der Baumeister seines Lebens«. Und sehr oft geht es um Glaubensfragen. So eloquent und reflektiert, wie sie auf die Briefe ihrer Mutter, einer frommen Katholikin, antwortet, hätte Inge Borkh ihren Weg sicher auch als Religionsphilosophin gemacht. Was heißt »hätte«? Sie hat. Neben den Briefen legen etliche Vorträge und Essays davon Zeugnis ab. Schon dieser Teil ihres Lebens wäre ein Buch für sich, und so bitte ich alle Anhänger der Religionsphilosophin Borkh um Nachsicht, dass in den folgenden Gesprächen die Sängerin und Schauspielerin im Mittelpunkt steht. Ihr möchte ich an dieser Stelle von Herzen danken – für unzählige aufregende Stunden mit ihren Aufnahmen, für viele vergnügliche und ernste Gespräche, vor allem aber für das mir entgegengebrachte Vertrauen.

Thomas Voigt, Juni 2006

Man lebt nur zweimal

Fidelio · Verwandlungskunst oder Charakterlosigkeit? · Persönlichkeit · »Bloß keinen Alltag!« · Die Frau ohne Schatten · Magda Sorel · Tosca · Salzburg 1941 · Unbeschadet durchs »Dritte Reich« · Wagner-Rollen · Turandot · Abschied von der Salome · Ein Leben mit Elektra · Katharsis und Außer-sich-Sein

»Nicht nur Salome und Elektra« heißt der Titel dieses Buches – was sind die anderen Rollen, von denen Sie sagen: Die waren wesentlich in meinem Leben, darin möchte ich in Erinnerung bleiben?

Zunächst der Fidelio – schon vom Namen her. Denn ich denke, dass ich von Grund auf ein treuer Mensch bin. Ich halte an den Menschen fest, denen ich meine Liebe und Freundschaft zugesagt habe – so lange, bis ich arg enttäuscht oder verletzt werde. Und selbst dann frage ich mich, ob ich nicht um den betreffenden Menschen kämpfen und den ersten Schritt zur Aussprache tun soll. Fidelio, das ist für mich mehr als eine Rolle: eine ganze Lebenseinstellung, ein Synonym für meine innere Überzeugung, dass man einen Menschen, den man liebt, aus aller Misere herausholen muss. Und das kann ich wunderbar in dieser Oper zeigen.

Führt starke Identifikationsbereitschaft mit einer Rolle zwangsläufig zu einer Vermischung von Bühnen- und Privatleben?

Das ist ein Thema, das mich während meiner gesamten Bühnenlaufbahn beschäftigte. Während ich eine Rolle studierte, lebte ich Tag und Nacht mit dem Menschen, in den ich mich hineinversetzen musste. Da blieb es nicht aus, dass sich Bühnen- und Privatleben vermengten. Freunde haben das manchmal befremdlich gefunden oder als »Charakterlosigkeit« gewertet. Tatsache ist, dass der Mensch, in den man sich verwandelt hat, Teil von einem selbst wird.

Hätten Sie manchmal im Leben sein wollen, was Sie nur auf der Bühne sein konnten?

Das ist, angesichts solcher Partien wie Elektra, Salome, Medea und Lady Macbeth, eine Fangfrage; ich habe mich nie danach gesehnt, eine Mörderin zu sein *(lacht)*. Aber ich konnte mich immer bis zu einem gewissen Grade mit ihnen identifizieren. Bei der Lady Macbeth ging das über

Die eine holt ihren Mann aus dem Gefängnis, die andere macht ihn zum Mörder: Inge Borkh als »Fidelio«-Leonore (mit Peter Anders als Florestan, Edinburgh 1952) und als Lady Macbeth (mit Ernst Gutstein als Macbeth, Frankfurt 1962).

den Charakterzug »Ehrgeiz«. Ich war als Sängerin ziemlich ehrgeizig, hatte immer das Bestreben, das Höchste zu erreichen, was ich erreichen kann. Das war bei jeder Vorstellung so: Kann ich den einmal gesetzten Standard halten, kann ich ihn womöglich sogar noch übertreffen? Von diesem Punkt aus habe ich versucht, mich in die Lady Macbeth hineinzudenken. Im Privatleben hatte ich weder diesen brennenden Ehrgeiz, noch den Drang, Männer zu meinen willigen Werkzeugen zu machen. Aber eine Persönlichkeit, die sich aus dem Alltag abhebt, das wollte ich schon sein.

»Persönlichkeit« ist neben Talent, was einen großen Künstler ausmacht. Kann man Persönlichkeit entwickeln – oder würden Sie sagen: Man hat es oder man hat es nicht, lernen lässt es sich nicht.

Persönlichkeit kann sich sehr wohl entwickeln. Zum Beispiel durch die Bereitschaft, viele Menschen kennen zu lernen, ihnen zuzuhören, sich mit hren Meinungen auseinanderzusetzen und zu überprüfen, was man sich davon zu Eigen machen kann. Bei Meisterkursen, die »Opern-Gestaltung« zum Thema hatten, habe ich öfters erlebt, dass ich bei jungen Sängern gewisse Grundsteine zur Persönlichkeitsbildung legen konnte. Zum Beispiel indem ich Sänger mit starkem Imitationstalent dazu brachte, das Nachgeahmte mit ihren eigenen Möglichkeiten, ganz aus sich selbst heraus zu gestalten.

»Bloß keinen Alltag« – das scheint Ihr Credo zu sein, sowohl im Privatleben wie auch auf der Bühne.

Das stimmt, und das war mir schon in ganz jungen Jahren klar: Egal, was du aus deinem Leben machen wirst, es wird kein öder Alltag sein. Und auf der Bühne kann ich das Alltägliche gar nicht haben. Ich finde, Kunst muss immer etwas mit Überhöhung zu tun haben. Deshalb kann ich mich auch nicht damit arrangieren, wenn Regisseure ein Kunstwerk auf die banalste Alltagsebene reduzieren, mit Darstellern, die in einer Küche hocken, Suppe löffeln und Fernsehen gucken.

Darüber werden wir noch ausführlich reden, wenn wir auf das Thema »Regietheater« zu sprechen kommen. In einem Interview für das »Opernwelt«-Jahrbuch 1978 sagten Sie: »Ich mag kein mieses Milieu auf der Bühne.« Aber wie ist das mit den Szenen im Färber-Haus in der »Frau ohne Schatten«? Das ist ja nun auch nicht gerade »gehobenes Niveau« …

Nein, aber es ist keine Geschichte aus dem Alltag, sondern ein humanistisches Märchen voll komplizierter Symbolik. Klar, das Färber-Paar verkörpert das »einfache Volk«, das arbeitet, isst und schläft. Aber es ist bei weitem keine bloße Abbildung des Alltags. Und die Figur der Färberin ist ja sehr differenziert angelegt: eine sensible, unbefriedigte Frau, die darunter leidet, dass sie »Eine aus dem Volk« sein muss. Dafür macht sie ihren Mann verantwortlich, der nichts anderes will als arbeiten, Geld verdienen und eine Familie versorgen. Er versteht absolut nicht, dass sie vom Leben mehr erwartet. Er hat keine Zeit, Sensibilität für ihre Wünsche zu entwickeln. Sie liebt ihn, ist aber in ihrer Hingabe blockiert und dadurch verkrampft. Sie erwartet mehr, als er geben kann, und hat deswegen ständig ein schlechtes Gewissen. Sie erwägt ernsthaft, ihren Schatten gegen den Tand einer Scheinwelt zu verkaufen, doch bevor sie das tut, kommt sie zur Besinnung: Sie spürt, dass ihre Liebe stärker ist als ihr Verlangen nach einer anderen Welt und dass es einen Weg gibt, um mit ihrem Mann glücklich zu werden.

Das darzustellen, ist recht schwierig; denn in den hysterischen Ausbrüchen muss immer ihre Sehnsucht nach Liebe und nach Erlösung aus ihrer Verkrampfung vorherrschen.

Sehnsucht nach Liebe und Erlösung: Inge Borkh als Färberin (mit Donald McIntyre als Barak, London 1967) in »Die Frau ohne Schatten«

Konnten Sie sich mit der Figur der Magda Sorel in Menottis »Konsul« identifizieren?

Sehr! Denn es ist ja zum Teil auch meine Geschichte. Mein Vater war Konsul, wurde als Jude im Dritten Reich rassistisch verfolgt, musste mit seiner Familie emigrieren. Doch im Gegensatz zu der Geschichte der Familie Sorel ging unsere Sache gut aus. Denn die Emigration hat uns ja nicht ins Elend gestürzt wie die meisten anderen. Wir waren zwar entwurzelt, mussten in Genf und Wien Fuß fassen, aber das war fast so, als sei mein Vater beruflich versetzt worden. Später hatte ich oft denselben Traum: Ich habe wehende Kleider an, und rings um mich ist Feuer. Und ich gehe durch das Feuer, ohne dass meine Kleider davon erfasst werden. Genau das spiegelt unsere damalige Situation wider: Um uns herum brennt alles, und wir kommen ohne Schaden durch.

Dass ich dann 1951 die Magda Sorel in dem total zerstörten Berlin darstellte und damit Menschen erreichen konnte, denen der ganze Schrecken des Krieges und der Diktatur noch in den Knochen saß, gehört zu den stärksten Theater-Erlebnissen meines Lebens.

Die größte Identifikationsfläche für eine Opernsängerin dürfte wohl die Tosca bieten: die Primadonna als Primadonna.

»Akten! Akten!« – Inge Borkh als Magda Sorel in der Berliner Erstaufführung von Menottis »Der Konsul« (Städtische Oper 1951)

Aber das ist sie ja nur im ersten Akt – und dann noch kurz im zweiten, wenn sie die Kantate singt. Danach ist sie eine in die Enge getriebene Frau.

Tosca singt die Kantate für den Polizeistaat. Sie scheint gar keine Ahnung davon zu haben, in welchem politischen System sie lebt – bis sie damit konfrontiert wird, dass ihr Liebhaber von den Schergen des Polizeichefs gefoltert wird. Ist das nicht eine auffällige Parallele zu der 20-jährigen Inge Borkh, die 1941 ihrem Gesangslehrer nach Salzburg folgte und beinahe in einem Konzert für Nazibonzen gesungen hätte – was aber kurz zuvor untersagt wurde, als herauskam, dass sie die Tochter eines jüdischen Konsuls ist?

So unglaublich es klingt, aber darüber habe ich bis heute noch nie nachgedacht. Und dabei liegt die

Parallele ja auf der Hand: Ich bin in diesen Jahren genauso mit Scheuklappen durch die Welt gelaufen wie Tosca – mit festem Blick auf die Kunst, auf das Singen, auf die Stimme. Alles andere habe ich komplett ausgeblendet.

Doch Ihr Vater? Er ist zweimal dem Konzentrationslager entkommen – und lässt seine Tochter 1941 von der Schweiz nach Salzburg fahren?

Das begreift niemand, ich selber auch nicht. Aber daran können Sie ermessen, wie sehr er alles verdrängt hat, was sein inneres Gleichgewicht hätte gefährden können. Er hat mir gegenüber nicht einmal etwas von seiner Gestapohaft erzählt – nichts. Ich sollte um Gottes Willen nicht mit diesen Dingen konfrontiert werden. Außerdem gehörte er zu den vielen, die der festen Überzeugung waren, dass der Antisemitismus, den es schon immer gab, die Deutschen nicht so weit treiben würde, der totalen Judenvernichtung zuzustimmen. Und er hat sicher nicht im Traum daran gedacht, dass der Sommerkurs in Salzburg für mich hätte gefährlich werden können. Er sagte nur: Dein Lehrer unterrichtet am Mozarteum, da fährst du hin.

Haben Sie denn nie mit Ihren Eltern über den Rassenwahn der Nazis gesprochen?

Nie. Meine Eltern haben alles von mir ferngehalten, was mich hätte belasten können. Zwar erinnere ich mich, dass meine Mutter die ganze Fahrt von Mannheim nach Genf geweint hat, wohin wir 1933, alles zurücklassend, emigrieren mussten. Doch was das bedeutete, war mir damals überhaupt nicht klar. Man sagte mir nur, dass wir nicht in Deutschland bleiben konnten, weil mein Vater Jude ist. Allein das war etwas, was ich bis dahin gar nicht gewusst hatte!

Meine Mutter war eine militante Katholikin, ich bin katholisch und gottesfürchtig erzogen worden, und jüdischer Glaube oder jüdische Kultur hat in unserem Alltag nicht die geringste Rolle gespielt. Wie ich viel später erfuhr, hat meine Mutter meinen Vater von Anfang an gedrängt, zu konvertieren – aber das hat er erst getan, nachdem seine Mutter gestorben war. Und das hat er nur seiner Frau zuliebe getan. Ihm selbst war es vollkommen egal, ob er Jude, Christ oder Buddhist war. Und so ist er auch mit den Menschen umgegangen. Anständig und hilfsbereit sollten sie sein, so wie er. Mit dieser Einstellung startete ich in mein Künstlerleben.

Konnten Sie denn später ohne Vorurteile von Schillings »Mona Lisa« singen? Immerhin ist es das Werk eines erklärten Antisemiten.

Das konnte ich ganz ohne Bedenken. Es wäre mir nie in den Sinn gekommen, ein Meisterwerk wie »Mona Lisa« abzulehnen, weil der Komponist ein Nazi war. Das wäre ja dasselbe gewesen wie das, was die Nazis getan

Spiel mit den Zeitebenen: Inge Borkh in »Mona Lisa«, Berlin 1953

haben, nur unter umgekehrtem Vorzeichen. Und wenn man anfangen würde, Stücke wegen der ideologischen oder politischen Haltung des Autors abzulehnen, dann könnte man einiges streichen. Angefangen bei Wagner.

Zu dem Sie ja auch ein ambivalentes Verhältnis haben.

Natürlich kann ich nicht vergessen, dass Wagner Antisemit war. Aber deshalb bin ich trotzdem empfänglich für die Sogwirkung seiner Musik. Dass ich nur einen Sommer in Bayreuth sang und Wieland Wagners Angebote für die Kundry und Ortrud ablehnte, hat aber in erster Linie damit zu tun, dass ich nie eine klassische »Hochdramatische« war. Stimmen dieses Typus' verfügen über eine breite Mittellage. Denken Sie an Kirsten Flagstad, Astrid Varnay und Martha Mödl. Ich wurde ja ursprünglich als Koloratursängerin ausgebildet. Es war das Bestreben meines Lehrers Vittorio Moratti, die Höhe so unangestrengt und die Stimme so geschmeidig wie möglich zu halten. Das erfordert ein besonders intensives Training, und darüber ist die Mittellage bei mir wahrscheinlich ein bisschen zu kurz gekommen.

In einem Zeitungsartikel der 60er Jahre, der sich mit den »Thronfolgerinnen« der Callas beschäftigt, werden Birgit Nilsson und Sie als die beiden »Stimmkanonen« beschrieben. Sie beide waren international begehrt als Turandot, die als absolute Killer-Partie verschrien ist.

Als Turandot hat man mich wohl eher vom Darstellerischen her besetzt. Denn ehrlich gesagt: Stimmlich war ich mit der Partie eigentlich überfordert. Dafür braucht man wirklich ein Nilsson-Kaliber. Und so eine trompetenhaft-stählerne Stimme hatte ich eben nicht. Dass man mir dennoch die Turandot immer wieder anvertraute, betrachte ich heute eher als Kompliment. Im Grunde genommen ist sie eine absolute Steh-Partie: Man steht da, singt fortwährend in höchster Lage und muss Chor und Orchester übertönen. Dass mir das offenbar gelungen ist, ohne Schaden zu nehmen, verdanke ich dem Dirigenten Fausto Cleva, der mich beim Singen auf Händen getragen hat. Aber wehe, wenn ich gegen das Orchester ansingen musste. Oder wenn ich nicht in Form war – wie in Buenos Aires. Dann war's schlimm. Ich glaube, diese Turandot am Teatro Colon, die ich zur Saisoneröffnung 1958 gesungen habe, war die schlechteste Leistung meines Lebens. Und was stand in einer

»Eigentlich war ich mit der Partie stimmlich überfordert.«
Turandot, San Francisco 1953

Kritik? »Komisch, auf der Platte war sie doch so gut. Da sieht man mal wieder, was man bei diesen Aufnahmen alles manipulieren kann!«

Die Partie der Salome, mit der Sie nach der Elektra am meisten identifiziert wurden, haben Sie relativ früh aufgegeben. Warum?

Das glaubt mir kein Mensch, aber es war ganz einfach so, dass ich nicht mehr dahinter stehen konnte, was ich da im Schlussgesang tat. Ich meine, jahrelang habe ich mich von der grandiosen Musik hinreißen lassen. Und dann, bei einer Produktion in München, Anfang der 60er Jahre, wurde mir mit einem Mal bewusst, was ich da eigentlich tue: Ich küsse einen abgeschlagenen Kopf. Diese herrliche Musik und dazu das grauenhafte Geschehen. Ich war plötzlich angeekelt und dachte: Das war's, nie wieder Salome. Die Kritiken waren blendend, und ich weiß noch, dass Rudolf Hartmann, der das Stück inszenierte, zu mir sagte: »Ich finde, dass Sie sich in dieser Rolle noch sehr gesteigert haben.« – »Das freut mich zu hören«, sagte ich, »und jetzt lege ich sie ad acta!« Hartmann meinte, dass ich scherze, aber ich habe sie nach dieser Serie in München nicht mehr gesungen.

»*Was tue ich hier eigentlich?*«
Salome, Berlin 1951

Eine ähnliche Desillusionierung gab es bei der Elektra, der zentralen Rolle ihres Lebens, wohl nicht: Diese Figur begleitete Ihre gesamte Karriere, und mit ihr nahmen Sie 1973 Ihren Abschied von der Opernbühne. Doch auch hier geschehen ja grauenhafte Dinge: Eine Frau stiftet ihren Bruder an, die Mutter zu erschlagen.

Sicher, aber sonst haben Salome und Elektra so gut wie nichts gemeinsam. Elektra ist keine Mörderin, und schon gar keine Lustmörderin. Nein, sie will die Morde sühnen. Dieser archaisch- zeitlosen Figur konnte ich mich ganz hingeben, durch sie konnte ich all meine Gestaltungsmöglichkeiten ausschöpfen. Sie begleitete mich durch mein ganzes Leben, und ihr verdanke ich meinen Ruhm.

Die Wirkung, die das Stück von Strauss/Hofmannsthal auslöst, ist für mich der Inbegriff dessen, was man in der griechischen Tragödie »Katharsis« nennt: Reinigung der Seele. Das habe ich auch an den Reaktionen des Publikums gemerkt. Es kam öfters vor, dass die Zuhörer beim Fallen des Vorhangs erst lange den Atem anhielten, um sich dann in einem Aufschrei von dem gewaltigen Druck zu befreien, der sich in 100 Minuten angestaut hatte.

Ein Leben mit Elektra – was das bedeutete, möchte ich gern aus zwei Perspektiven darstellen: Erst aus der Sicht von Inge Borkh und dann aus der Perspektive des Musikjournalisten Karl Löbl.

Gertrud Eysoldt, die erste Darstellerin der Elektra, schrieb an Hugo von Hofmannsthal, nachdem sie den Text zum ersten Mal gelesen hatte: »Ich liege zerbrochen davor. Ich leide, ich schreie auf, ich fürchte mich vor meinen eigenen Kräften, vor dieser Qual, die auf mich wartet.«
Als ich in ganz jungen Jahren die Elektra erstmals darzustellen hatte, erging es mir wie Eysoldt. Wie sie war ich erschrocken, unfähig, mir vorzustellen, dass ich diese Partie wiederholen könnte. Dann habe ich sie weltweit viele hundert Male gesungen. Elektra wurde mein zweites Ich. Mit jeder weiteren Aufführung wuchs ich in sie hinein mit Wort und Ton. Mit keiner anderen Gestalt hatte ich so eine Seelenverwandtschaft, ich kann mich nie mehr ganz von ihr loslösen, kann mich auch heute noch in sie zurückziehen. Es ist künstlerische Begeisterung im wahrsten Sinne des Wortes: ein durchgreifendes geistiges Erleben, das auf der Ebene des Außer-sich-Seins mir eine volle Identifikation mit der Rolle ermöglichte. Diese treibenden Kräfte führten mich dazu, die Worte auf der Musik mitschwingen zu lassen, als ob sie aus mir kämen. Ich habe die Sprache und ihre Ausdrucksmöglichkeiten übernommen, das Werk in eigener persönlicher Erkenntnis fortgesetzt.
Die Sprache, mit der ich meine Elektra jetzt noch einmal wachrufe, basiert auf unzähligen Erfahrungen der Verbindung mit dem Numinosen. Das Wissen, dass wir mit Kräften ausgestattet sind, mit denen wir in ganz seltenen und immer wieder entschwindenden Augenblicken von einer zweiten Dimension Kenntnis nehmen dürfen, kann uns mit denen verbinden, die mit uns fühlen. Dann geschieht das Wunderbare, dass die Darsteller und die Zuhörer im Erleben des Geschehens eins werden. Ich habe das oft spüren dürfen, diese Gemeinsamkeit mit dem Publikum, das mit mir die

»Sie begleitete mich mein ganzes Leben«: Elektra, Wien 1957 ...

Grenze vom Alltag zu einer anderen geheimnisvollen Wirklichkeit überschritt. Wenn dann der Vorhang gefallen war, spürten wir, dass wir uns in einer gemeinsamen, umfassenden Erfahrung begegnet sind.

Inge Borkh, Hommage à Richard Strauss

»Man kann die »Elektra«-Musik nicht kühner, erregender, differenzierter und spannender darstellen als es diesmal geschah. Man kann auch für die gigantische Hauptrolle dieser Tragödie kaum eine zweite Sängerin finden, die mit einer ähnlichen Konzentration das Unsagbare, Unausgesprochene und Unaussprechliche sichtbar und spürbar macht. Inge Borkh steht auf der Bühne, mit blassem, eckigem Gesicht, ihre Arme fahren ekstatisch ins Leere, ihr Blick irrt über die Mauern des Königspalastes von Mykene, ihre Gebärde ist hoheitsvoll, aber ihre Körperhaltung ist die einer gehetzten Kreatur. Das ist nicht mehr Schauspielkunst, sondern Selbstaufgabe. Das ist nicht mehr Gesang, sondern musikalisch erhöhter Ausdruck von Stammeln, Schrei, Angst und Triumph. Es ist unbegreiflich, dass Inge Borkh nach einem solchen Abend das Opernhaus wie jeder andere Mensch durch den Bühnenausgang verlässt, dass sie nicht sich selbst erst wieder finden muss ... Welch eine Künstlerin!«

Karl Löbl, Express, 12. September 1957

Karl Löbl sprach es schon vor fünfzig Jahren an: Wie findet man von dem Zustand des Außer-sich-Seins zurück in den Alltag?

Das ist nun wirklich keine leichte Sache. Das Publikum tobt, erwartet sich nach der Aufführung den strahlenden Star. Und man selber ist total leer, ausgelaugt, strahlt so gar keinen Glamour aus und weiß, dass man die Leute, die am Bühnentürl auf einen warten, enttäuschen *muss*. Davor habe ich mich immer gefürchtet. Doch solche Momente, so hart sie manchmal sein können, wiegen wenig im Vergleich zu dem ungeheuren Privileg, als Darsteller auf der Bühne ein zweites Leben leben zu dürfen.

... und Palermo 1973 (Abschiedsvorstellung)

Ein Theaterkind

Konsul Simon und Gretel Neumann · Eine getreue Kopie der Mutter · Unordnung und Spontaneität · Erste Aufnahmen · Vom Schauspiel zur Oper · Briefe aus Mailand · Anfängerjahre in Luzern · Briefe aus Salzburg · Von der Koloratur zum dramatischen Fach

Wenn man die Biographien großer Sänger liest, so ist es auffällig, wie viele aus ärmlichen oder schwierigen Verhältnissen stammen; zu einem nicht geringen Teil machten sie Karriere, weil sie aus dem Elend herauswollten. Diese Motivation war bei Ihnen nicht gegeben. Sie hatten das Glück, von beiden Seiten gut versorgt zu sein: Die künstlerische Begabung von der Mutter, Wohlstand und Sicherheit vom Vater.

Mein Vater stammte aus einer reichen jüdischen Familie und war ein unglaublich großzügiger Mensch. Ich glaube, dass niemand, der ihn jemals um Hilfe oder Geld gebeten hat, mit leeren Händen fortgegangen ist. Und natürlich wurde er dabei auch schamlos ausgenutzt von Leuten, die seine Großzügigkeit nicht verdient hatten.

Theater war seine große Leidenschaft. Diese teilte er mit seinem Vater; beide besuchten, wann immer sie konnten, Vorstellungen im Nationaltheater Mannheim. Allerdings interessierte sich mein Vater in erster Linie für Opern, während der alte Konsul Simon, ein Lebemann comme il faut, vor allem hübsche Tänzerinnen liebte. Bei Ballettvorstellungen saß er oft mit Monokel in der ersten Reihe. Er war es auch, der meine Mutter zuerst »entdeckte«: Gretel Neumann, die bildhübsche, neu engagierte Sängerin aus Wien. Er lud sie nach Hause ein, und so lernten sich meine Eltern kennen. Das war 1919. Meine Mutter war ein lyrischer Sopran, sang zunächst wie üblich Rheintöchter und Blumenmädchen, bekam aber bald schon große Partien wie die Giulietta in »Hoffmanns Erzählungen«, die Marie im »Waffenschmied« und die Undine. Am Pult stand oft Wilhelm Furtwängler, der damals GMD in Mannheim war. Sie war sehr begabt, bekam ziemlich bald ein Engagement an die Semperoper in Dresden. Aber das hat sie nicht mehr angetreten. Als sie meinen Vater heiratete, sagte sie der Bühne Adieu – nach nur zwei Berufsjahren.

Freiwillig oder weil sie als Gattin des Konsuls nicht mehr »durfte«?

In den so genannten »bürgerlichen Kreisen« musste man sich damals entscheiden: Beruf oder Heirat. Mit der Heirat blieb die Frau zu Hause; sie sollte es nicht mehr nötig haben, einen bezahlten Beruf ausüben zu müssen. Doch da er wusste, wie gern sie sang, hat mein Vater gesagt: Zu Hause darfst du nach Herzenslust singen. Er hat auch einen Privat-Korrepetitor engagiert, so dass sie jeden Tag singen konnte (dass sich daraus eine Liebschaft entwickelte, konnte er nicht ahnen). Und so fanden bei uns regelmäßig Opern-Parodien, Kabarett-Abende und Konzerte mit meiner Mutter statt. Alles daheim, niemals in der Öffentlichkeit.

Aber bei der Tochter war es etwas anderes, die durfte auch öffentlich singen?

Die sollte sogar! Mein Vater hoffte sehr, dass aus mir eine große Sängerin wird. Und er hat alles getan, um diesen Wunsch Wirklichkeit werden zu lassen.

War es hart für Ihre Mutter, auf die Bühne zu verzichten?

Sicher! Denn sie liebte es, sich zu produzieren, hatte einen starken Hang zum

Nach nur zwei Jahren sagte die Mutter der Bühne Adieu: Gretel Neumann als Fatime in Webers »Abu Hassan«

Kurz nach der Hochzeit: Gretel und Franz Simon, 1920

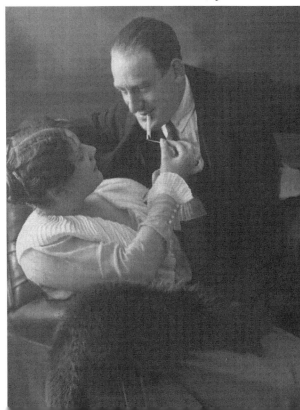

Dramatischen. Und sie war ein goldiges Wiener Madel, das den Männern gefallen wollte. Ob sie den eisernen Durchhaltewillen für eine große Karriere hatte und vom Wunsch beseelt war die Beste zu werden, das bezweifele ich ein bisschen. Aber eines ist sicher: Meine Mutter hat sich als Sängerin nicht so glühend verbrannt wie später ihre Tochter.

Nachdem sie meinen Vater geheiratet hatte, war es ihr sehnlichster Wunsch, ein »Theaterkind« zu bekommen. Das hat sie uns später oft erzählt. Sie wollte als Sängerin in mir weiterleben. Sie hat mich quasi als ihr Spiegelbild erzogen, hat mich schon sehr früh dazu gebracht, sie in allem und jedem zu imitieren. Und ich habe mich bestens dazu geeignet. Wir haben viel miteinander gesungen, vierhändig Klavier gespielt, das gesamte Opern-Repertoire, Ouvertüren und Konzertstücke. Das war meine musikalische Grundausbildung. Ich kam ohne Konservatorium weiter. In der Schule absolvierte ich das Allernötigste, immer mit dem großen Ziel: Theater!

Haben Sie noch die Stimme Ihrer Mutter im Ohr?

Oh ja, es war eine hohe, warme Stimme in der Art von Martha Eggerth. Also zwischen Lyrik und Koloratur. Und wie die Eggerth hat meine Mutter auch im hohen Alter noch prima gesungen, ohne auch nur ein bisschen zu wackeln. Sie brauchte das Singen. Und sie brauchte ihr Publikum. Ich kann mich erinnern, dass ich einmal in Stuttgart nach einer »Aida«-Vorstellung nach Hause kam und bei uns eine Party in vollem Gange war. Da es ja lange dauert, bis man die ganze schwarze Schminke abgewaschen hat, war ich natürlich die Letzte, die nach Hause kam – und hörte schon von weitem meine Mutter die Nil-Arie singen. So nach dem Motto: »Was meine Tochter kann, das kann ich auch.«

Das war typisch für ihr Denken: »Was wäre aus der Inge geworden ohne mich! Ich habe viele Opfer gebracht, alles investiert, damit sie Karriere macht.« Das hat sie niemals gesagt, aber so hat sie gedacht und so hat sie gelebt.

War Ingeborg Simon ein glückliches Kind?

Oh ja. Glücklich, gesund, kräftig, altklug. Und verwöhnt! Ich wurde verwöhnt nach Strich und Faden. Das fing schon damit an, dass ich niemals etwas aufräumen musste. Es gab ja Personal, und so konnte ich alles stehen und liegen lassen. Die Kehrseite davon ist, dass ich heute, wo mir nichts mehr hinterher geräumt wird, in ständigem Kampf mit meiner Unordnung lebe. Immer wieder versuche ich, alles zurück an seinen Platz zu legen – und habe im Nu wieder einen Wust von Zetteln, Büchern und Zeitschriften herumliegen. Die Behaglichkeit, die ich bei

Freunden so sehr genieße, die habe ich selten zu Hause.

Aber das hat auch eine positive Seite: Spontaneität. Ich lasse alles stehen und liegen, wenn mich etwas Interessantes anlockt – ein Konzert, ein Vortrag, eine Einladung, eine Begegnung mit einem interessanten Menschen.

Über die Emigration Ihrer Familie haben wir schon gesprochen. Nach zwei Jahren in Genf sind Sie 1935 nach Wien gezogen. Dort lebte die Familie Ihrer Mutter, alles Sänger und Musiker, die sich darüber stritten, wie die Inge am besten auszubilden sei. Dass Sie selbst aber nicht Sängerin, sondern Schauspielerin werden wollten – war das schon eine Art Rebellion gegen die Familientradition?

Lesen war schon immer ihre Leidenschaft: Inge 1927

Nein, das hatte wohl eher damit zu tun, dass ich quasi mit dem Tonfilm groß geworden bin und total fasziniert war von der Welt der Filmschauspieler. Außerdem waren wir in Wien ja nicht nur oft in der Staatsoper, sondern genauso häufig im Burgtheater. Ich habe die größten Schauspieler erlebt, und sehnte mich danach, zu dieser Welt zu gehören. Also rezitierte ich eifrig Schauspielrollen – sehr zur Sorge meiner Großmutter, die ja auch Sängerin gewesen war. Sie war Schülerin von Jean de Reszke, hatte also die klassische Belcanto-Ausbildung der so genannten »Goldenen Ära« genossen, und sie setzte alles daran, aus mir eine Sängerin zu machen. Ich sehe noch ihr erschrockenes Gesicht, als ich bei Spaziergängen im Wald den Monolog der Jungfrau von Orleans brüllte: »Um Gottes Willen, damit ruinierst du dir die Stimm!«

Meine Mutter aber unterstützte mich in meiner Schauspielbesessenheit. Ich war knapp 15, als sie mich zum Unterricht anmeldete, bei Margit von Tolnai, einer berühmten Schauspiel-Lehrerin vom Max-Reinhardt-Seminar. Zu ihren Schülerinnen gehörten u. a. Maria Holst und Heidemarie Hatheyer. Parallel studierte ich Tanz bei Grete Wiesenthal, einer sehr renommierten Tänzerin.

Aber damit war es mit dem Singen noch nicht vorbei. Am 15. Mai 1936, elf Tage von Ihrem 15. Geburtstag entstand Ihre allererste Aufnahme.

Das war eine Privataufnahme, ein Geburtstagsgeschenk für meinen Vater. Ich sang einen damals sehr populären Filmschlager von Willi Forst, »Man hat's nicht leicht«. Auf der Rückseite ist meine Mutter mit dem Couplet »Schinkenfleckerln« zu hören. Immerhin, das Schlager-Singen kam mir zugute, als ich mir im November 1936 den »Artistenpass« ersang und ertanzte – im Ronacher, dem größten Varietétheater in Wien. Mit meinem Großonkel, der mich am Klavier begleitete, trat ich dort inmitten von Jongleuren, Seiltänzern und Messerwerfern auf und durfte nach bestandener Prüfung auf allen Bahnstrecken Österreichs zum halben Preis fahren. Ein echtes Erfolgserlebnis.

Wie war die Arbeit mit Margit von Tolnai?

Die Schauspiel-Elevin: Linz 1937

Sehr angenehm, effektiv – und immer mit Blick auf die Theaterpraxis. Sie glaubte sehr an mein Talent und schickte mich zum Vorsprechen, sobald ein Intendant oder ein Filmregisseur in Wien nach neuen Talenten suchte. Und eines Tages klappte es auch. Ich bekam mein erstes Engagement: Schauspiel-Elevin in Linz, mit Beginn der Spielzeit 1937/38. Meine erste Rolle war das Lieschen im »Faust«. »Hast nichts vom Bärbelchen gehört«, lautete mein zentraler Satz, den ich in allen Nuancen betonte. Ich hoffte täglich auf das Wunder einer großen Partie und spielte in den nächsten Monaten lauter Rollen mit zwei, drei Sätzen – was meinen Vater nicht daran hinderte, mir beim Schlussapplaus gigantische Blumensträuße überreichen zu lassen. Da war es natürlich logisch, dass ich als »verwöhnte Göre« abgestempelt wurde: »Na, mit einem reichen Vater im Rücken, da soll man wohl Karriere machen!«

Meine Mutter hat ihn oft gemahnt, es nicht zu übertreiben, aber er konnte es nicht lassen. Als ich später, während meiner zweiten Spielzeit in Luzern, als Emigrantin zum Landdienst herangezogen wurde und auf einem Bauernhof arbeiten musste, hat er unendlich gelitten: sein armes Kind im Schweinestall! Und hat mir mit der Post lauter Delikatessen geschickt, um mir den Frondienst einigermaßen zu versüßen. Das muss man sich mal vorstellen: Wir sitzen in der Bauernstube und löffeln unsere Suppe, und danach verdrücke ich mich heimlich auf die Toilette, um Gänseleberpastete zu futtern.

Aber so war sein ganzes Wesen: Seine Lieben sollten es so gut wie nur irgend möglich haben. Vor allem seine Inge. Bis zu seinem Tod im Februar 1956 hat er alles getan, um mich glücklich zu machen. »Unglücklich wirst du noch früh genug«, meinte er.

Und das nächste Unglück stand schon vor der Tür: Der »Anschluss« Österreichs. Wieder hieß es Koffer packen, weg aus Österreich, zurück in die Schweiz. Glück im Unglück: Sie erhielten ein Engagement ans Stadttheater Basel.

Wer weiß, vielleicht wollte mich der Verwaltungsdirektor des Basler Theaters, dem ich noch in Linz vorsprechen konnte, nur aus den Klauen des Naziregimes retten. Aber das Glück in Basel währte nicht lang. Der Regisseur Josef Kahlbeck bereitete meinem Schauspieltraum ein jähes Ende. Er ließ meinen Vater kommen und sagte ihm: »Nehmen Sie Ihre Tochter wieder heim. Schicken Sie sie auf eine gute Kochschule, denn fürs Theater taugt sie zu wenig.«

Da war ein harter Schlag für mich. Andererseits konnte ich natürlich nicht verleugnen, dass ich keineswegs so erfolgreich war, wie ich gehofft hatte – was sicher auch daran lag, dass ich in dieser Zeit viel zu oft verliebt war, um mich ganz auf das Theater konzentrieren zu können. Wie das halt so ist, wenn man frisch am Theater ist und plötzlich von allen Seiten Komplimente bekommt. Ich hab das alles für bare Münze genommen und bin natürlich oft reingefallen.

Und wieder klopfte das Glück an die Tür, diesmal in Form des Bassisten Fritz Ollendorff.

Dem Olli verdanke ich, dass ich nicht Köchin wurde, sondern Sängerin. Er sang damals in Basel das Bassbuffo-Fach und stand am Beginn einer großen Karriere. Er hatte mich öfters in Schauspielrollen gehört, bei denen ich ein Liedchen zu singen hatte, und war von meinem stimmlichen Potenzial derart überzeugt, dass er meine Eltern überredete, meine Stimme richtig ausbilden zu lassen – am besten bei seinem Gesangslehrer, Vittorio Moratti in Mailand.

Über welches Potenzial Sie verfügten, zeigen zwei Privataufnahmen von 1938: »Ich schenk' mein Herz« aus Millöckers »Dubarry« und »Wär es auch nichts als ein Augenblick« aus Lehárs »Eva« – dirigiert von Alexander Krannhals, der damals in Basel engagiert war.

Oh, was war ich verknallt in ihn! Er war ein Charmeur, dem man kaum widerstehen konnte – und ein richtiger Hallodri. Dass er mit der Sopranistin Else Boettcher verheiratet war, hinderte ihn keineswegs daran, allen möglichen Frauen schöne Augen zu machen. Er war häufig bei uns im Hause zu Gast und hat meinem Vater vorgeschwärmt, wie gut ich singe. Und wahrscheinlich haben die beiden eines Abends beschlossen, dass ich etwas aufnehmen soll. Da mein Vater ein großer Operettenfan war, fiel die Wahl der Stücke nicht schwer.

Und was man in diesen Operettenaufnahmen hört, hätte man durchaus auch für Gesangseinlagen aus einem Ufa-Film halten können. Die Koloraturhöhe kommt mühelos, in der Mittellage erkennt man bereits das signifikante Timbre späterer Jahre. Nur in der unteren Lage fallen »Schaltwechsel« von der Sprech- zur Gesangsstimme auf.

Ja, das musste ich noch lernen, diese Verschmelzung von Ton und Wort. Und was mir hier außerdem auffällt: Ich habe meine Mutter wirklich bis ins kleinste Detail kopiert. Diese kleinen Schlenker, diese winzigen »Richard-Tauber-Schleifen«, die hatte ich natürlich von ihr. Was Sie da gehört haben, ist größtenteils mein Imitationstalent. Meine Mutter hatte zwar an der Wiener Akademie eine gründliche Ausbildung genossen, aber regulären Unterricht hatte ich bei ihr nie. Dafür hätte sie auch nicht die Geduld gehabt. Außerdem war ihr Drang, selber zu singen, viel zu stark. Sie hat meine Stimme in die richtigen Bahnen gelenkt, aber über Technik haben wir selten gesprochen. Um zu kapieren, wie man singt, brauchte ich sie nur zu imitieren. Ich habe mich am Klang und am Körpergefühl orientiert, das war's. Und genauso habe ich auch später in Wien mit der Oma gesungen. Wir gingen im Wienerwald spazieren, sangen Tonleitern bis zum dreigestrichenen F.

Meinen ersten »richtigen« Gesangsunterricht hatte ich erst während meiner Schauspielzeit in Basel, bei der Oratoriensängerin Helen Ott. Sie hatte eine wunderbare Technik, die sie mir auch vermitteln konnte.

Aber wenn Sie in Basel schon in guten Händen waren, warum sind Sie dann nach Mailand zu Vittorio Moratti?

Ich habe von Helen Ott vor allem die Ruhe der Tongebung gelernt – aber ich spürte, dass der Oratoriengesang nicht meine Welt war. Ich wollte ja zur Oper, und was Ollendorff von seinem Lehrer Moratti erzählte, hat mich neugierig gemacht. Obwohl – oder gerade weil? – Moratti nicht so sehr Technik unterrichtete, sondern seine Ausbildung eher dahin zielte, die Schüler »vorsingfertig« zu machen.

Also eine Art von Luxus-Korrepetitor.

Genau. Er konnte einem alles vermitteln, was guten Operngesang ausmacht. Er hatte sein Leben lang mit erstklassigen Sängern gearbeitet, wusste, was die Dirigenten wollen, wusste alles über den richtigen Stil, die Traditionen, die Schwierigkeiten jeder Rolle. Das war ein unermesslicher Erfahrungsschatz, von dem ich sehr profitiert habe. Zu dumm, dass ich während meiner Zeit in Mailand nicht Italienisch gelernt habe. Moratti bestand darauf, mit mir Deutsch zu sprechen, und ich ließ es so laufen, ohne mich großartig darum zu bemühen, meine Italienisch-Kenntnisse aufzubessern – was ich später, als ich an der Scala, in Florenz und in Rom sang, bitter bereute.

Eine feste Stundenregelung gab es bei Moratti nicht: Man ging in der Früh zu ihm hin, und wenn man Glück hatte, kam man dran. Er war ein Unikum: Manchmal war er so drollig, dass ich noch lange auf dem Nachhauseweg über seine Geschichten lachen musste. Aber ich denke, dass ich viel von ihm gelernt habe.

Mailand, 6.2.1940
Liebe Mutti, heute war ich nicht blendend bei Stimme, und Moratti schien kurz vorher eine schlechte Nachricht erhalten zu haben. So verlief die Stunde ein wenig düster.
Die Pagen-Arie singe ich ja wirklich wie ein Schwein, und Moratti hat mir sicher nicht geglaubt, wie sehr ich an den Staccati geübt habe. ... Danach kamen wir wieder auf den »Concours« in Genf zu sprechen. Moratti sang mir etwas von Rossini vor, eine langsame, schwere und höchst langweilige Arie, die gar keinen Eindruck macht. Er behauptete, darin könne ich zeigen, wie und ob ich singen kann. ... Der Page sei keine Rolle für mich, meine Stimme sei zu wenig beweglich dafür. Gut, dachte ich mir, das ist der Moment, ihm nochmals die »Troubadour«-Leonore aufzuschwatzen. Leise und vorsichtig fragte ich, ob nicht die Kerker-Arie geeigneter wäre ... »Bisdu wahnsinnig geworden?! Son einmal is habe dir gesagt, dass du nicht singe kannst eine Jugendliche – deine Stimme is dasu su klein!«

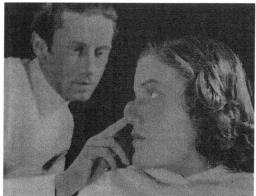

Hiermit stellt sich vor: Inge Borkh, Sängerin am Stadttheater Luzern. Sie begibt sich in die Hände von ...

... Franzel Psota, dem Coiffeur und Maskenbildner des Theaters, der zunächst ihre hübsche Nase vermittels eines Klumpen Nasenkitts in einen respektablen Haken verwandelt. Hierauf ...

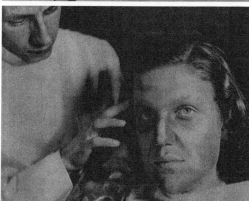

... schmiert er ihr eine gleichmäßige Schicht gelben Teint ins Gesicht, um auszuebnen und einen Grund zu schaffen. Inge sieht in diesem Stadium aus wie ein Gelbsüchtige. Darauf legt Franzel die ersten Schatten ein. Hierzu verwendet er rot, grün, braun und blau. Leise summt er vor sich hin: Wo hast du deine schönen blauen Augen her. Doch es soll noch schlimmer kommen, denn ...

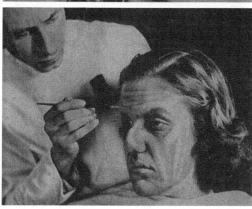

... nun malt Franzel liebevoll Runzeln und Falten en gros in Inges makelloses Angesicht. Jeder Indianerstamm würde sie in dieser Verfassung zum Ehrenhäuptling ernennen. So habe ich mir immer den letzten Mohikaner vorgestellt. Franzel ist ungerührt und ...

»Ein deutlicher Fall von Vergreisung«: Die 19-jährige Inge Borkh singt die alte Czipra im »Zigeunerbaron« (Opern-Debüt Luzern 1941)

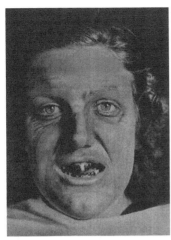

... er kommandiert: »Mund auf!« Inge gehorcht gottergeben und läßt sich den Stolz ihrer Jugend, die prachtvollen Zähne schwarz anstreichen, damit sie unsichtbar werden. Nur ein Stummel zeugt von verschwundener Pracht. Doch nicht genung ...

... auch die schönen goldenen Locken müssen verschwinden. Rigoros wird ihr die graue Perücke übergestülpt. Auf die Brauen wird ein grauer Krepp geklebt, ums Kinn herum Haarstoppeln und auf die Backe ein Warze. Damit ist Franzels Werk beendet.

... noch das Kostüm an, und wir sehen sie vor uns als alte Zigeunermutter »Czipra«, in der Operette »Der Zigeunerbaron«.

Mailand, 21.2.1940
Fritz Ollendorff macht in Basel ganz groß Karriere. Der erste Preis beim Wettbewerb in Genf hat ihn zweifellos zum großen Mann gemacht. Moratti ist sehr stolz darauf.

Mailand, 24.2.1940
Beim Aufstehen heute morgen sagte ich mir: Oh je, heut is es nix mit der Stimm, sie ist ganz trocken und klingt nicht schön. Aber als ich dann zu meinem goldigen Maestro kam und er mich wieder mit seinem herrlichen Lachen ansah, ging mir quasi die Kehle auf. Was meint Ihr, was wir heute studierten? Die Königin der Nacht. Und es geschah ganz zufällig. Als ich heute morgen meine Noten zusammenpackte, erwischte ich statt »Figaro« die »Zauberflöte«, und das bemerkte ich erst, als ich bei Moratti war. »Was, Intsche, du singst Königin der Nacht! Also snell her damit!« Schon legte ich mich ins Zeug – und Moratti war paff! Nur *das* käme als Mozart-Arie für Genf in Frage.

Mailand, 25.2.1940
Die Skalen von »Alle Bande der Natur« (Königin der Nacht) gehen flott – ach, keiner wird mir glauben, welche Arbeit dahintersteckt. Der gestrige Sonntag ging tatsächlich ganz dafür drauf. Dafür sitzen die Staccati nicht mehr so ganz glockenhell, weil sich meine Stimme vergrößert hat. Von Kopftönen merkt man fast nichts mehr, auch das »F« ist jetzt ein gemischter Ton. Heute morgen haben wir u.a. auch die Traviata studiert. Wenn ich diese Arie beherrsche, kann ich singen.

Mailand, 25.3.1940
Beim »Parsifal« war ich so gerührt (gerade bei den Chorstellen), dass jedes Lob zu gering ist für so viel künstlerisches Empfinden. Die Kundry wird von einer Ungarin gesungen, die unausgesetzt brüllt. Wagner = laut – das ist völlig falsch, und Alexander Svéd (Amfortas) hat ja auch bewiesen, dass feine Pianotöne durchaus in Wagners Rahmen passen.

Im Sommer 1940 organisierte Ihr Vater ein Vorsingen für den Agenten Kantorowitz in der Tonhalle in Zürich. Auf dem Programm standen u. a. die Arien der Königin der Nacht. Das Vorsingen führte zu einem dreimonatigen Probevertrag in Luzern.

Und der lautete: Wenn sich innerhalb von diesen drei Monaten keine geeignete Rolle findet, läuft der Vertrag aus. Ich wartete und wartete, bekam nichts zu singen. Bis ich eines Tages dem Operetten-Regisseur Weisker begegnete. »Wir suchen eine Sängerin für die Alt-Partie der

Czipra im ›Zigeunerbaron‹«, sagte er, »das ist natürlich überhaupt nicht dein Fach, aber ich glaube, dass du begabt genug bist, um die Rolle zu singen. Traust du dir das zu?« – »O ja!«, hörte ich mich nur sagen. Ich glaube, ich hätte damals auch den Sarastro gesungen, wenn man mir ihn angeboten hätte. Sofort besorgte ich mir einen Stock, humpelte am Ufer des Vierwaldstättersees und machte auf »alt und gebrechlich«. Dass die Spaziergänger mich für verrückt hielten, war mir völlig egal.

Die Koloratursopranistin als Spiel-Alt, die Jüngste als Älteste – immerhin brachte Ihnen dieser Transfer damals etwas Publicity ein. In einer Illustrierten erschien eine Foto-Serie, die ihre Verwandlung von der 19-Jährigen zur alten Zigeunerin zeigt. Headline: »Ein typischer Fall von Vergreisung«. Was gab es noch an Aufgaben in der ersten Spielzeit?

Alles Mögliche, vom Hirtenknaben in »Tosca« bis zur Operette. Es war eine einzige Lehrzeit, mit allem, was in der Theaterpraxis dazu gehört. Mein Mentor war der Kapellmeister Ewald Lengsdorf. Allerdings fühlte ich mich bei ihm nicht annähernd so gut aufgehoben wie bei Moratti, er war unberechenbar in seinen Launen. Er kam aus Deutschland, erzählte uns, wie groß sein Ansehen dort sei und dass wir uns glücklich schätzen dürften, dass er uns in Luzern mit seiner Anwesenheit beehrte. Er war immer in Geldnöten und pumpte uns alle an – aber als Dirigent hatte er durchaus Qualitäten.

Luzern, Oktober 1940
Ich singe den Hirtenknaben in »Tosca«. Er wurde mir gestern zuerkannt. Oh, das macht mir Freude! Ich wäre ja ohnehin in jede Vorstellung gegangen. Und so singe ich halt im dritten Akt mein Lied hinter der Bühne, um sofort danach in den Zuschauerraum zu gehen und den Schluß anzuhören.
Auf einer Probe durfte ich die Tosca markieren, in der Szene mit Scarpia (Sandoz). Er hörte mich zum ersten Mal und war ganz paff. Bei der Stelle »Da mit dem Messer traf ich ihn ins Herz!« meinte er, so ein C könnte man suchen. Aber Lengsdorf hat verboten, dass ich das tue. Eine 19jährige kann ihr Organ nicht probeweise für eine Tosca zur Verfügung stellen, hat er gesagt. Wenn ich dreißig wäre, könnte ich mir so was schon erlauben. Sandoz sagte mir: Machen Sie sich nichts draus. Sie sind die geborene Tosca, wenn nicht für heute, dann für morgen.
Der »Freischütz«-Auszug kostet nur 2,90 Franken. Beim Kauf fiel mir das Lilli-Lehmann-Buch »Meine Gesangskunst« in die Hände. Ich blätterte darin herum und war ganz sprachlos über all die Herrlichkeiten – doch, ach, es kostet 6,50 Franken ... Wenn Ihr bald wieder zu mir kommt und über ein Mitbringsel nachdenkt ...

Luzern, Oktober 1940
Ach, die Agathe schwimmt mir weg. Und doch bin ich froh, dass ich die gestrige »Freischütz«-Aufführung nicht mitgemacht habe.
Lengsdorf tobt und schwitzt und schreit am Pult wie ein Irrsinniger – das mag die Sänger verwirrt haben. Und wenn die alten Theaterhasen auf der Bühne nicht verstehen, was er da unten will – wie wäre es dann mir erst ergangen?
Laszi bekam unsagbar viel Blumen, von allen Seiten strömte man zu ihm.
Die Arie sang er herrlich – alles andere klang müde und wurschtig.

»Laszi« ist Lazlo Szemere, mit dem Sie später unzählige Male auf der Bühne standen.

Der Zufall wollte es, dass er mich von meinen allerersten Auftritten in Linz bis zu seinem tragischen Tod (er wurde von einem Lastwagen angefahren) begleitet hat. In Luzern haben wir oftmals gemeinsam gesungen, in Berlin war er u. a. der Zauberer im »Konsul« und mein Herodes. Das letzte Mal sahen wir uns in Salzburg, bei der Uraufführung der »Irischen Legende« von Werner Egk.

Nach Ende der ersten Spielzeit in Luzern gingen Sie im Sommer 1941 nach Salzburg: Sommerkurs bei Moratti am Mozarteum.

Ich spürte, dass ich noch einiges zu lernen hatte, und nützte die Chance, weiter Stunden bei ihm zu nehmen und vor allem bei anderen zuzuhören, sowohl bei seinen Schülern wie auch bei den großen Sängern in den Festspiel-Aufführungen.

Salzburg, Juli 1941
Jetzt aber bin ich stimmlich ganz in Form. Laut Morattis Kritik ist meine Pamina ein Meisterstück geworden – nicht nur die Arie, sondern auch die Stelle »Tamino, mein, oh welch ein Glück« – wohl das Schwerste von der ganzen Oper.
Ab Dienstag öffnet das Mozarteum wieder seine Pforten. Ich muss dann 15 Mark zahlen und kann üben, wann ich will. Wegfahren will ich nicht; denn ich profitiere sehr von den Stunden in den Sommerkursen und höre ja auch oft bei den anderen zu.

Salzburg, 9. August 1941
Das Abenteuer fing mit der »Don Giovanni«-Vorstellung an, die das Fürchterlichste darstellt, was mein Opern-Erinnerungsvermögen aufzuweisen imstande ist. Fast alle sangen erbärmlich, meist zu tief und wenn nicht,

dann derart verwackelt, dass man am liebsten zu Hilfe geeilt wäre, um sie von der sichtlichen Pein des Singens zu befreien. Viel schlimmer aber war es noch, dass Knappertsbusch *gänzlich* die Übersicht verlor und ungezählte Schmisse verursachte, was zu hören kein geschultes Ohr erforderte. Sänger und Orchester waren oft um Takte auseinander.

Salzburg, August 1941
Für heute abend könnte ich eine »Figaro«-Karte bekommen. Die Generalprobe hörte ich ja schon. Teschemacher als Gräfin: Herrlich! Alle Mundmuskeln bewegen sich bei ihr dem Ton und der Aussprache entsprechend – mitunter ein wenig lustig anzusehen, aber die Stimme ist beglückend, und ihr zuzuhören war eine unbezahlbare Schulstunde. Esther Rethy sang die Susanne, bezaubernd süß Marta Rohs als Cherubin – übrigens auch als Rosenkavalier. Beides Glanzleistungen.
Anny Konetzni als Marie-Theres war ein Wunderwerk. Diese Partie ist aber auch die am meisten durchdachte von Strauss. Fritz Krenn als Ochs war köstlich, besonders an der Stelle »im August – da hat's Nächte!«. ... Kurzum: Ich war restlos begeistert. Wann werde ich die Marschallin singen können? Es braucht dazu halt eine unsagbare frauliche Reife.
Morgen Mittag singe ich die Desdemona zum letzten Mal beim Meister. Wir stellten nämlich fest, dass man Mozart und Verdi nicht zusammen singen soll – mit indirekter *Riesenhilfe* von Maria Reining (hiesige Pamina) ging mir der Knopf zum Mozartstil auf.

Die Pamina haben Sie in Ihren ersten Bühnenjahren öfters gesungen, die Marschallin nie.

Nein, ich habe ziemlich schnell erkannt, dass das keine Partie für mich ist – weil ich weder im Leben noch auf der Bühne eine Grande Dame war. Wenn man mich fragte, warum ich die Marschallin nicht gesungen habe, gab ich immer zur Antwort: »Ich hätte nicht so handeln können wie sie.« Aber eigentlich hätte ich sagen müssen, dass mir diese Eleganz, diese damenhafte Vornehmheit gefehlt hat.

Von der Teschemacher und der Reining bin ich noch heute sehr angetan, wenn ich die Platten höre. Das waren wirklich großartige Sängerinnen, denen ich viel verdanke.

Aber für Ihre freche Knappertsbusch-Kritik mussten Sie zwölf Jahre später büßen, 1953 bei einer »Elektra«-Probe in Rom.

O Gott! Da bin ich weinend von der Bühne weggerannt, so fassungslos war ich wegen seiner Kraftausdrücke. »Nie wieder mit diesem Mann!«,

Immer wieder Operette: Als Boccaccio (links, mit Trude Ulrich) und als Franzi in »Wiener Blut« (Luzern 1942/43).

schwor ich mir. Womit ich dann für München einige Jahre lang »gesperrt« war, denn Kna war ja dort der ungekrönte König.

Was hat er gesagt?

»Wer hat denn der Bagage ins Maul geschissen?!« Damit meinte er Res Fischer und mich. Wenn ich gewusst hätte, dass das sein üblicher Jargon war! Dann hätte ich es doch mit Humor genommen – und mich daran erinnert, was mein Vater sagte, als meine Mutter vorschlug, für das Esszimmer doch bequemere Stühle zu kaufen. »Nein, die Stühle bleiben. Auf ihnen bewahrt man eine gewisse Haltung, sie halten einen davon ab, allzu oft ›Scheiße‹ zu sagen.«

In Ihren Briefen aus Salzburg schreiben Sie auch, dass Sie die Einzige von Morattis Schülern waren, die in einem Konzert singen durfte.

Das war ein Festkonzert für die Nazibonzen! Was das bedeutet, habe ich mir keinen Moment klargemacht, ich dachte nur an die große Ehre, in Salzburg öffentlich singen zu dürfen. Und zwei Tage vor dem Konzert haben sie rausgekriegt, dass ich Halbjüdin bin. Da war's natürlich aus. Ich bin zurück in die Schweiz, habe Moratti erzählt, dass ich dringend nach Hause muss – er war ganz verstört, denn er hatte ja genauso wenig von meiner Herkunft gewusst wie alle anderen.

Bevor die neue Saison in Luzern begann, fuhr ich nach Genf, um an dem »Concours« teilzunehmen, der ein paar Jahre zuvor gegründet worden war. Der Vorsitzende, Fritz Liebstöckl (Sohn des berühmt-berüchtigten Wiener Kritikers), war ein Freund meines Vaters. Aber wie man an diesem Beispiel deutlich sehen kann, nützt einem die beste Protektion überhaupt nichts, wenn man nicht wirklich gut ist. Ich habe eine Händel-Arie vorgesungen und bin noch nicht mal in die nächste Runde gekommen. Der Einzige aus der Jury, der mir ordentlich Punkte gab, war Felix von Weingartner. Alle anderen ließen mich durchrasseln. Daran musste ich mit einem Lächeln auf den Lippen denken, als ich Jahrzehnte später selbst in der Jury des »Concours« saß.

Wie ging es dann weiter in Luzern?

Ich bekam in den folgenden Spielzeiten lauter schöne Rollen: Pamina und »Figaro«-Gräfin, Boccaccio und Komponist in »Ariadne auf Naxos«, »Tiefland«-Martha, Amelia und Senta, beide Leonoren von Verdi und Tosca. Und das Gretchen im »Faust«, das ich so gern im Schauspiel gespielt hätte. Somit konnte ich mich peu a peu vom lyrischen zum lyrisch-dramatischen Sopran entwickeln. Im Nachhinein betrachte ich es als großes Glück, dass ich viele Rollen, die ich später an großen Häusern sang, an einem kleinen Theater ausprobieren konnte. Und dazu unter der Obhut von Paul Eger, einem hervorragenden Theatermann, der vom Deutschen Theater in Prag vertrieben wurde und in Luzern viel Geschick bei der Spielplangestaltung und der Finanzierung durch Sponsoren bewies.

Ich würde jedem Sänger raten, große Partien an einem kleineren Haus auszuprobieren. Man kann dort in Ruhe lernen, sich seine Reserven einzuteilen. Die Kunst des Singens besteht ja nicht zuletzt darin, am Ende der Oper noch genauso mühelos zu klingen wie am Anfang. Und das lernt man am besten an kleineren Häusern.

Von »hoher Koloratur«, Königin der Nacht etc. war fortan nicht mehr die Rede. Die ersten Aufnahmen, die aus der Zeit nach Ihrer Ausbildung bei Moratti überliefert sind, dokumentieren ganz klar eine lyrische Stimme mit dramatischem Potenzial. Diese Aufnahmen, zwei Brahms-Lieder und die »Kerker-Arie« der Leonore in Verdis »Troubadour«, entstanden im Dezember 1943, also fünf Jahre nach den Operetten-Titeln unter

Krannhals. Und da hört man nicht mehr die »Gretel-Neumann-Kopie«, sondern schon die Stimme, die wir als »Inge Borkh« kennen.

Ich denke, dass ich bei Moratti und in den ersten Jahren vor allem lernte, mein eigenes Timbre zu entwickeln. Außerdem hatte sich meine Stimme während meiner ersten Jahre an der Oper vergrößert – nicht zuletzt durch den Unterricht bei Anni Weber, einer Hochdramatischen, die mein Vater sehr verehrte. Während man 1941 in Salzburg noch befand, sie sei für eine Karriere »zu klein« (das meinten u. a. auch Clemens Krauss und Rudolf Hartmann), war in meiner Zeit in Bern davon nicht mehr die Rede. Sonst hätte man mir wohl auch kaum eine Santuzza, Lady Macbeth und Turandot anvertraut.

Bern war Ihre nächste Station, ab der Spielzeit 1945/46. Leider ist aus dieser Zeit wenig überliefert, weil eben Ihre »Lebensbücher« vernichtet wurden.

Ich habe aus dieser Zeit kaum mehr als die Theaterzettel von meinen Premieren – und staune, was ich dort alles gesungen habe: Von der Aida bis zur Zigeunerin in der »Försterchristel«, von der Donna Anna bis zur Turandot, von der Jenufa bis zur »Wozzeck«-Marie. Nicht zu vergessen meine erste Salome.

Brief von Richard Strauss

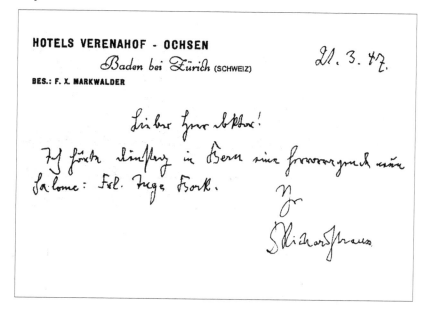

Das war im März 1947, in Anwesenheit des Komponisten.

»Das Madel ist ja recht begabt«, soll Strauss zum Regisseur Stefan Beinl gesagt haben, »aber sie soll net so viel machen, das ist ja all's schon komponiert!« Das war eine Anspielung auf meinen kaum zu bremsenden Darstellungsdrang, vor allem in der Szene, wenn Jochanaan in die Zisterne zurückgeht. Anlässlich der Garmischer Richard-Strauss-Tage, bei denen ich Meisterkurse mit hochbegabten Sängern machen konnte, schenkte mir der Enkel von Richard Strauss diesen Brief vom 21. März 1947: »Lieber Herr Doktor! Ich hörte am Dienstag in Bern eine hervorragende neue Salome: Frl. Inge Borkh. Ihr Richard Strauss.«

Trotz solcher Erfolge standen Sie in dieser Zeit vor der Entscheidung: Sängerin oder Hausfrau?

Ich war frisch verheiratet und habe diese Jahre in Bern vor allem als ständigen Konflikt zwischen Berufs- und Privatleben in Erinnerung. Aber das ist ein Kapitel für sich.

Der Durchbruch

Mutterbindung und erste Ehe · Menottis »Konsul« in Basel · Heinz Tietjen · »Der Konsul« in Berlin · Fahrstunden oder »Salome« in Paris?

Die Beziehung zu Ihrer Mutter dürfte nicht nur die längste Ihres Lebens gewesen sein, sondern auch die intensivste. Sie war Mutter, Lehrerin und beste Freundin zugleich.

Und damit waren die Schwierigkeiten mit anderen Beziehungen quasi vorprogrammiert. Die Männer, die ich während meiner ersten Jahre am Theater kennen lernte, konnten nicht akzeptieren, dass ich so stark mit meiner Mutter verbunden war. Hinzu kam, dass mir meine Mutter eingeschärft hatte: Bloß aufpassen, dass kein Kind dazwischen kommt. Davor hatte sie schreckliche Angst, dass all ihre Mühe womöglich umsonst war. Und so hat sie mich in meinen ersten Abenden am Theater täglich ins Verhör genommen: Wen hast du getroffen, was hat er gesagt, hat er dich angefasst, hat er dich geküsst, und wohin?

So kam es natürlich zu ganz merkwürdigen Verstrickungen: Ich habe mich schon gern umschwärmen lassen, habe einen Flirt auch oft genossen, aber nur bis zum vorletzten Punkt – weil ich im Hinterkopf hatte: Bloß kein Kind!

Aber dann kam die Zeit, als meine Mutter anfing zu zweifeln, ob ich tatsächlich Karriere machen würde. Ich hatte zwar ein Engagement in Bern, doch nach einem großen

Am Beginn einer Weltkarriere: Inge Borkh als Magda Sorel in Menottis »Der Konsul« (Basel 1951)

Durchbruch sah es nicht mehr aus. Und so arrangierte sich meine Mutter mit dem Gedanken, dass ich nicht nur Sängerin sein wollte, sondern auch eine Frau. Mein Entschluss, Robert zu heiraten – der Schweizer, Akademiker und obendrein noch Katholik war! – erschien ihr als gute Lösung. Wir heirateten 1946.

Und fortan versuchten Sie, Sängerin und Hausfrau zu sein?

»Versuchen« ist das richtige Wort. Ich bin nun wirklich das Gegenteil einer Hausfrau und Mutter, das wurde damals ziemlich schnell klar. Um mich an meine zukünftige Rolle als Mutter zu gewöhnen, holte Robert sogar aus einer Großfamilie ein Bübchen ins Haus, das Kind hieß Livio und war fünf. An ihm sollte ich lernen, mit Kindern umzugehen. Was katastrophal danebenging. Robert war sehr viel unterwegs als junger Anwalt. Er betreute die christliche Gewerkschaft der Postangestellten und musste immer wieder auf Stimmenfang gehen. Ich war mit dem Kind allein, musste abends oft ins Theater, und es wollte partout nicht ins Bett. Livio heulte und schrie, in meiner Hilflosigkeit gab ich ihm Ohrfeigen und war total überfordert. Also, totale Pleite, das Kind wurde wieder abgeholt.

Doch auch ohne diese Erfahrung spürte ich, dass es in unserer Ehe bald einen heftigen Riss geben würde. Und der kam dann auch mit dem »Konsul«.

Das war die schweizerische Erstaufführung von Menottis Oper in Basel. Wie kam es überhaupt zu diesem Engagement?

Von Bern aus hatte ich öfters in Basel gastiert, unter anderem als Giulietta in »Hoffmanns Erzählungen« und als böse Stiefmutter in Weingartners »Schneewittchen«. Also Rollen, bei denen man auch darstellerisch etwas zeigen kann. Und das hatte Friedrich Schramm, der Intendant in Basel, wahrscheinlich noch im Gedächtnis, als er mich für den »Konsul« engagierte. Zur Premiere kamen erstmals Kritiker aus dem Ausland in die Schweiz, u. a. Hans Heinz Stuckenschmidt aus Berlin. Er und viele andere machten auf mich aufmerksam, so dass ich bald einige Einladungen zum Vorsingen bekam, u. a. auch von Heinz Tietjen aus Berlin. Mein Vater war außer sich vor Freude und begleitete mich nach Berlin, zu einer »Fidelio«-Vorstellung »auf Engagement«. Die Probe verlief nicht so gut. Ferenc Fricsay, damals GMD der Städtischen Oper, meinte zu mir: »Singen Sie nur die Noten, das Gefühl machen wir!«

Dass die Vorstellung unter diesem Vorzeichen nicht besonders toll war, wundert mich nicht. Am nächsten Tag empfing uns Tietjen in seinem Büro. Wir waren natürlich aufgeregt, was dieser große Theatermann sagen würde. »Also, besonders gut gesungen hast du gestern nicht«, begann er, »aber ich weiß, dass du mehr kannst. Und deshalb biete ich dir vierzig Abende an.«

Ich war dem Weinen nahe: Was sollte aus meiner Ehe werden? Doch nach dem ersten Schock überwog die Freude. Ich wusste, das ist jetzt die große Chance.

»Der Konsul« in Berlin 1951: Inge Borkh und Laszlo Szemere

Ihre erste Berliner Premiere war die dortige Erstaufführung des »Konsul«. Diesmal führte Adolf Rott Regie. Wie war die Arbeit mit ihm?

Anfangs sehr schwierig. Rott wollte das Stück und meine Rolle viel härter zeigen, als ich es von Basel gewohnt war. Wir sind darüber sehr aneinander geraten, weil ich fand, dass man den Menschen in Berlin, denen noch all die Schrecken der Nazizeit und des Krieges in den Knochen saßen, unmöglich so brutal den Spiegel vorhalten könnte. Das war das erste Mal, wo ich dachte: Theater muss immer etwas mit Überhöhung zu tun haben, man kann die Menschen nicht mit dem Abbild ihres Alltags konfrontieren. Und ich wollte den Selbstmord der Magda nicht so aussehen lassen wie einen Bericht aus den Polizeiakten.

Doch im Laufe der Probenzeit haben wir uns zusammengerauft. Was er auf die Bühne stellte, war ganz sicher weit mehr als ein Abbild des harten Alltags – es war eine dramatische Zuspitzung, wie ich sie in dieser Intensität und Unerbittlichkeit selten erlebt habe.

Für die nächsten Tage hatten die Skeptiker einen Skandal erwartet; Menottis »Konsul« in der Inszenierung von Adolf Rott ist ein Zeitstück, dessen Stoff aus dem Ostberliner Alltag genommen sein könnte. Diese unmittelbare Nähe mit dem gehetzten Kämpfer einer Untergrundbewegung, mit dem von Rott eingeblendeten Ausschnitt aus einem KZ, mit den stündlich in ihrer Freiheit bedrohten Frauen, diese Fabel legte die Vermutung nahe, dass es über die Nervenkraft des Berliner Publikums gehen würde. Es wurde aber einer der größten Erfolge der Städtischen Oper – durch die ans Filmische grenzende, alle Mittel des surrealistischen Theaters einbeziehende Inszenierung ... und durch die Leistung der aus Zürich gekommenen Inge Borkh, der tosender, trampelnder Beifall auf offener Szene für ihre Darstellung dankte. Es bedurfte zum Schluß erst einer längeren Atempause, bis sich das Publikum aus seiner Erschöpfung löste und mit donnerndem Applaus dankte. Die Vorhänge waren fast nicht mehr zu zählen. *Münchner Merkur, 11.9.1951*

Als Magda Sorel in einer großen Arie aufbegehrte, da musste der Dirigent Artur Rother ... die Vorstellung unterbrechen. Das Publikum raste minutenlang und wollte sich nicht beruhigen. War das nur die Akklamation zum Berliner Debüt einer Sängerin von aufgehendem europäischem Rang? Wir erlebten wenige Wochen zuvor, wie dieselbe Inge Borkh in München als Salome sich spontan durchsetzte. In Berlin war es mehr: der Aufschrei einer an der Kehle gewürgten Stadt im Sinnbild einer künstlerischen Leistung! *Rheinische Post, 22.9.1951*

Sie sagten einmal, dass diese Aufführung nicht nur äußerlich, die Karriere betreffend, ein Wendepunkt für Sie war, sondern auch innerlich.

Das war eine ganz besondere Erfahrung: Zum ersten Mal hatte ich mich mit dem, was ich auf der Bühne darstellte, so weit identifiziert, dass es mir schwerfiel, danach ins Privatleben zurückzukehren. Das war damals ganz neu und hat mich ab diesem Zeitpunkt durch mein weiteres Leben begleitet. Sobald ich auf der Bühne stand, war ich immer nur der Mensch, den ich zu verkörpern hatte. Mit der Magda Sorel wurde ich befähigt, diese Metamorphose zu vollziehen. Mit ihr durchlebte ich bewusst die Tragik von Ausweglosigkeit und Verzweiflung, und ich erlebte, wie ich in dieser Situation eine ganze Menschenmenge mitreißen, zum Mitfühlen bewegen konnte. Das war ein Schritt in eine bisher ungeahnte Weite. Dass darüber vieles Gewesene zerbrechen musste, vor allem meine Ehe, war halt mein Schicksal. Ich blieb in Berlin und bereitete mich gleich für die nächste Produktion vor.

Das war »Salome«, wieder mit Artur Rother am Pult.

Mit Rother kam ich prima zurecht. Ein Mann der Alten Schule, so wie Meinhard von Zallinger in München. Regie führte Tietjen. Er war in dieser Zeit mein Mentor, unterstützte und förderte mich, nicht zuletzt durch kleine Grußkarten, auf die er seine »Kritik« vermerkte.

Es war eine *ungeheure Leistung,* physisch, stimmlich, und in *musikalischer Präzision.* Das letztere in Relation zu den anderen, ist das Erstaunliche! Bravo!! *Grußkarte von Heinz Tietjen nach der »Salome« in Berlin, Oktober 1951*

»Gib mir den Kopf des Jochanaan!« Salome, Berlin 1952

Kongeniale »Salome« der Berliner Städtischen Oper eröffnet Mai-Festspiele
Inge Borkhs Verkörperung der Salome ist wohl das Großartigste, was man je auf einer Bühne erlebte: vom ersten Erscheinen auf der Szene bis zum Tod unter den Schildern der Soldaten formt diese Frau eine Gestalt von erschütternder Wahrhaftigkeit. Dieses Weib kann gar nicht anders, sie muss töten aus perverser Gier nach dem Unerreichbaren. Und wie »singt« die Borkh diese eminent anspruchsvolle Partie! Da ist jeder Ton selbst in der Raserei der schauspielerischen Ekstase, selbst in der exponiertesten Höhe, selbst im Schrei schön. Schön im Sinne eines italienischen Belcanto-Tones, schön im Sinne einer berückend ausgesponnenen Gesangsphrase. Selbst die abgebrühtesten Theaterhasen erschauderten vor so viel Herrlichkeit...
Willy Werner Göttig, Die Welt, 13.5.1952

Wenige Tage nach meiner ersten Berliner Salome kam ich an einem Autohaus vorbei und sah im Schaufenster einen schnittigen Sportwagen. Ich hatte zwar keinen Führerschein, aber ich musste diesen Wagen haben. Also bin ich rein ins Geschäft und habe mir den Wagen gekauft. Dann wollte ich natürlich Fahrstunden nehmen. Ich hatte schon einige Stunden hinter mir, als Tietjen mich in sein Büro kommen ließ und sagte: »Wir geben unser erstes Auslandgastspiel in Paris. »Salome«. Wir fahren nächste Woche!« – »O Gott, ich kann nicht! Ich muss meine Fahrstunden zu Ende bringen.« Maliziös lächelnd schob mich Tietjen sanft zur Tür und sagte leise: »Du singst!«

Und spielte damit Schicksal. Denn wenn Sie nicht nach Paris gefahren wären, hätten Sie nicht den Mann Ihres Lebens getroffen.

Inge und ihr erstes Auto, Stuttgart 1951

Alexander Welitsch

»Pass gut auf unsere Inge auf!« · Salome kriegt Jochanaan · Zwischen Mutter und Mann · »Wilde Ehe« in den 50er Jahren · Der Trick mit den Pässen · »Eine Emanzipierte war ich nie« · Auftritte im Doppel-Pack · Günther Rennert und der Bruch mit München · Eifersucht und Affären · »Lass mich doch einfach nur sein«

Die »Salome« in Paris war nicht nur für die Städtische Oper Berlin das erste Auslandsgastspiel, sondern auch für Inge Borkh. Waren Sie davor schon mal in Paris gewesen?

Öfters, mein Vater hatte mich ab und zu mitgenommen, wenn er in Frankreich zu tun hatte. Aber es war mein erster Auftritt außerhalb des deutschen Sprachraums. Da ich seit unserer Zeit in Genf fließend französisch sprach, war das kein Problem. Meine Eltern taten etwas besorgt und sagten halb ernst, halb scherzhaft zu Max Lorenz, der bei diesem Gastspiel als Herodes dabei war: »Pass gut auf unsere Inge auf!«

Ihre Eltern kannten Lorenz von Wien?

Das nehme ich an. Jedenfalls war er zu diesem Zeitpunkt schon lange ein Freund des Hauses. Max war der Inbegriff eines Gentleman und ein ausgesprochener Ästhet. Wenn wir zusammen einkaufen gingen und an den Schaufenstern von Modehäusern vorbeikamen, blieb er oft stehen, stieß Entzückungsschreie aus und rief: »Inge! Das *musst* du dir kaufen, das ist wie für dich gemacht!« Einmal hat er sogar ein Kleid für mich entworfen.

Gut, wir fuhren also nach Paris. Mit dabei waren Margarete Klose als Herodias und Marcel Wittrisch als Narraboth. Den Jochanaan sollte Paul Schöffler singen. Er erkrankte aber vor der Generalprobe, und so suchte man hektisch einen neuen Jochanaan. Man fand einen, der die Generalprobe sang, war aber mit ihm nicht zufrieden. Am nächsten Tag, es war der 21. Oktober 1951, fand eine weitere Probe statt, für den dritten Jochanaan. Ich war darüber gar nicht erfreut, einen Tag vor der Premiere noch eine Zusatzprobe aufgedrückt zu bekommen und kam recht spät zur Probe, gerade zu der Stelle, als ich singen sollte: »Lass mich deinen Mund küssen!« Der neue Jochanaan, ein stattliches Mannsbild, sah mich prüfend an, stieg dann von dem Rand der Zisterne herunter und sagte: »Ja, ich will deinen Mund küssen!«

»Ja, ich will deinen Mund küssen!« Inge Borkh und Alexander Welitsch in »Salome«, Paris 1951

Der Mann hieß Alexander Welitsch, stammte aus Skopje in Mazedonien und gehörte zum Ensemble der Oper in Stuttgart. Wie ich später erfuhr, hätte diese Begegnung um ein Haar nicht stattgefunden, da er den Zug nach Paris verpasst hatte und am folgenden Tag das Flugzeug nehmen musste.

Und wie gut hat Lorenz dann auf die kleine Inge aufgepasst?

Nach der Premiere versammelten sich alle an der Bar in unserem Hotel. Nur ich war noch nicht da. Und Max fragte: »Wo ist denn die Inge, ich hab dem Konsul Simon doch versprochen, dass ich auf sie aufpasse!« – »Ist schon geschehen!«, sagte Sascha mit breitem Grinsen.

Und damit war's geschehen. Sie blieben bei Alexander Welitsch – oder Sascha, wie ihn seine Freunde nannten –, kehrten nicht mehr zu Ihrem Mann zurück.

Sascha war nicht der Auslöser für diesen Bruch, er war sozusagen der Tropfen, der das Fass zum Überlaufen brachte. Denn spätestens nach Tietjens Angebot mit den vierzig Abenden war mir klar, dass meine Ehe mit Robert zerbrechen würde. Wie soll man eine Beziehung führen, wenn man sich kaum noch sieht? Robert hat sich unglaubliche Mühe gegeben, unsere Ehe zu retten, aber es ließ sich einfach nicht machen – wir lebten in total verschiedenen Welten. Als ich ihm sagte, dass ich nicht zu ihm zurückkehre, hat Robert in der ersten Wut die Alben verbrannt, die meine Mutter von meinen ersten zehn Bühnenjahren angelegt hatte. Fotos, Kritiken, Briefe – alles in den Ofen. Das hat meine Mutter unglaublich getroffen, es war ja ihr Werk und auch Teil ihres Lebens.

Und wie haben Ihre Eltern auf die Geschichte mit Sascha reagiert?

Sie waren entsetzt! Die Karriere läuft an, und dann so was!

Ich hätte angenommen, dass wenigstens die Mama etwas Verständnis gehabt hätte, denn sie hatte ja auch jahrelang eine Affäre und hätte Ihren Vater um ein Haar verlassen ...

Ja, aber sie ist bei meinem Vater geblieben (nur wegen *mir*, wie sie immer betonte), und ich habe Robert verlassen. Das ist der Unterschied. Erschwerend kam hinzu, dass meine Mutter in Sascha einen Nebenbuhler sah. Sie wollte die Oberhand behalten. Robert hat das geduldet, Sascha nicht. Dass ich fast täglich meine Mutter anrief und ihr erzählte, wie ich den Tag verbracht hatte, stellte er ab. Er sagte: »Du gehörst jetzt zu mir.« Das führte natürlich zum Konflikt. Meine Mutter pochte auf ihr Vorrecht: Schließlich hätte sie mich ja so weit gebracht, dass ich Karriere machte. Und Sascha wollte den Fortgang unserer gemeinsamen Karriere bestimmen. Mein Vater unterstützte wohl meine Mutter, aber da er mich nur glücklich sehen wollte, akzeptierte er die raue Schale des mazedonischen Draufgängers, in den sich seine Tochter verliebt hatte. Meine Mutter aber tat sich lange Zeit sehr schwer mit ihm.

Stuttgart, 1952
Liebe Mutti, zu Deinem letzten Brief muss ich einmal etwas Grundsätzliches sagen: Was aus mir geworden ist, bin ich durch Dich geworden – im negativen wie im positiven Sinn kannst Du Dich der Verantwortung nicht entziehen. Meine Entwicklung war eine schwierige. Dein persönliches Unglück war viele entscheidende Jahre auch das Meine; ich habe es in kindlicher und dann lange in jugendlicher Entwicklungskompliziertheit zu spüren und auszuleben aufgezwungen bekommen.
Als eine Lösung erschien uns beiden der Robert. An dem Scheitern unserer Ehe hatten Du und ich zu gleichen Teilen die Schuld.
Heute lebe ich sehr glücklich mit Alexander. Dieses Glück ist mir keineswegs geschenkt worden – ich habe mich schwer durchgekämpft, aber bis jetzt scheint es mir alles Erlebte wert – denn ich bin wirklich glücklich geworden.
Würde ich auch diesmal, liebe Mutti, auf Dich hören, wie ich es ein Leben lang getan habe und von Herzen gerne wieder tue (wenn diese Aussprache bei Dir auf Verständnis stößt), dann könnte ich nicht mehr glücklich sein. Du kannst doch aber nichts anderes von mir wollen als mich glücklich zu sehen. Alexander ist (soweit ich das jetzt aus der Nähe betrachten kann) der richtige Mann für mich. Es ist doch völlig sinnlos an Einzelheiten herumzunörgeln und mich dann immer in die Verteidigung zu drängen. Sei doch bitte *mit uns*. Es muss in Deinem Herzen das Verstehen geben, dass meine Liebe zu Dir unvermindert bleibt, wenn Du mich bei der Liebe zu einem Mann begleitest, der mich glücklich macht.

Wurde es danach besser?

Ab einem gewissen Punkt hat sich meine Mutter sehr um ein friedliches Miteinander bemüht, aber Sascha hat ihr das nicht geglaubt. »Die spielt das nur«, hat er behauptet. Er war nicht besonders sensibel mit ihr, hat nicht mal ansatzweise versucht, ihre Situation und ihren Blickwinkel zu verstehen. Da stand ich sehr oft zwischen den Fronten.

Sind Sie nach der Pariser »Salome« sofort zu ihm gezogen?

Ja, in seine Wohnung in Stuttgart. Er war schon geschieden, lebte allein. Seine Tochter war im Internat, sein Sohn wohnte bei seiner Exfrau. Wir haben dann ziemlich bald ein Haus gebaut.

Wie ging die Sache mit Robert weiter?

Als militanter Katholik wollte er sich partout nicht scheiden lassen. Doch die Tatsache, dass ich mich absolut geweigert hatte, Kinder zu bekommen, ermöglichte nach langer Prozedur die Annullierung unserer Ehe.

Warum wollten Sie denn ein zweites Mal heiraten? Sie hätten doch mit Sascha einfach nur zusammenleben können.

Ja, mit dem Denken von heute hätte ich nie ein zweites Mal geheiratet. Aber damals war es mir wichtig, dass unsere Partnerschaft eine »offizielle« war und nicht das Stigma der »wilden Ehe« trug. Heute weiß ich, dass die Chancen zusammenzuleiben viel größer sind, wenn man sich nicht durch den Bund der Ehe dazu gezwungen fühlt. Aber damals habe ich gedacht: Ich weiß, dass ich ihn niemals verlassen werde, also können wir auch heiraten. Bis es so weit war, vergingen noch einige Jahre. Und Sie dürfen nicht vergessen: Unverheiratet zusammen zu leben, war in den 50er Jahren noch ein Problem. Vor allem beim Check-in in den Hotels. Gut, in Berlin oder Hamburg war es etwas einfacher. Aber in Badgastein, wo wir mal Ferien machten, wurden wir hinausgeworfen. Als wir gerade auspackten, kam die Frau Direktor vom Hotel und fragte: »Sind Sie verheiratet?«

Der Mann ihres Lebens:
Bassbariton Alexander Welitsch (1906–1991)

Und als wir verneinten, sagte sie, dass wir leider nicht bleiben könnten. In Rom wurden wir erst gar nicht aufs Zimmer gelassen. Als wir in der Empfangshalle den Rückzug antraten, trafen wir eine Frau, die dasselbe Problem hatte: Ingrid Bergman.

Dass eine »wilde Ehe« damals wirklich noch mit vielen Unannehmlichkeiten verbunden war, zeigt auch folgender Brief, den ich meiner Mutter nach unserer Ankunft in Chicago schrieb.

Chicago, 14.10.1956

Gegen 8h morgens kamen wir in Detroit an. Wir haben dann ein raffiniertes System durchgeführt, damit die Soltis nie unsere Pässe sehen konnten. Im Flugzeug musste man schon eine Erklärung ausfüllen über mitgenommene Waren usw. Und Eheleute brauchten dafür nur einen Zettel. Wir brauchten aber zwei, und da guckten die Soltis schon ganz komisch. Bei der Einwanderungsbehörde wollten sie dann unbedingt Klarheit und versuchten immer die Papiere zu sehen, aber wir waren schlauer ... Da wurde die Geschichte doch mit einem mal brenzlig, als die Passagiere einzeln aufgerufen wurden. Sascha und ich sahen uns geschlagen. Soltis neben uns. »Mr. und Mrs. Solti!« – O Gott! Gleich sind wir dran. Uns scheint schon, dass die beiden höhnisch lächelnd auf uns schauen – jetzt kommt alles raus.
»Mr. and Mrs. Welitsch!«
O Freude, o Triumph! Ich weiß nicht, Mutti, wieso das möglich war. Wir waren nirgends so eingetragen, das darfst Du mir glauben, denn mit amtlichen Stellen würden wir uns nie trauen so zu schwindeln. Nein, es kam bestimmt so, weil wir beide, Sascha und ich, uns so intensiv wünschten, dass es so kommen sollte. Soltis sahen sich an: »Na also doch, wir haben es ja immer gewusst.«
Zur doppelten Bestätigung kam dann noch ein Telegramm an »Mrs. Welitsch« mit unserer Hotelreservation im Chicago.
In einer knappen Stunde flogen wir dann von Detroit nach Chicago, wurden dort nett empfangen und photographiert: »Husband and wife«, froh winkend. Auf diesem Bild war ziemlich alles falsch: der Husband, die Fröhlichkeit und der Nerzmantel. Aber die Welt will betrogen sein.

Ok, auch die 50er Jahre waren nicht so golden ...

Sie dürfen nicht vergessen, dass Künstler damals noch strengen moralischen Kriterien unterlagen, denken Sie nur an all die Vertragsklauseln in Hollywood, die das Privatleben des Künstlers bis ins Kleinste regelten. Und nicht nur bei der Presse, auch bei diesen ganzen Frauenvereinen musste man aufpassen, dass man nicht in Verruf geriet. Ein sauberes Image war alles.

Wie war Ihre Beziehung? Eher traditionell (der Mann bestimmt und regelt alles) oder gleichberechtigt?

»Gleichberechtigt« im heutigen Sinne war sie sicher nicht. Ich habe ihn sehr geliebt und vielleicht ein bisschen vergöttert. Er war der einzige Mann in meinem Leben, der mich jemals »geleitet« hat, ohne dass ich mich bevormundet fühlte. Ich ließ mich gerne führen und überließ ihm weitgehend wichtige Entscheidungen. Eine Emanzipierte war ich nie. Wenn ich zum Beispiel nach einer Vorstellung Autogramme schrieb, bestimmte er, wie lange das Ganze dauerte. »Feierabend!«, sagte er, nahm mich beim Arm und führte mich zum Auto. Das haben ihm die Fans natürlich übelgenommen, und so gab es etliche Situationen, bei denen er andere Menschen vor den Kopf gestoßen hat. Er konnte sehr kategorisch sein, und damit hat er sich bei Intendanten und Dirigenten manches verscherzt. Und sicher war sein Verhalten auch für meine Karriere manchmal von Nachteil.

Doch privat war das wunderbar: Er war der Fels in der Brandung, bei ihm konnte ich mich sicher und geborgen fühlen. Ich habe immerhin vierzig Jahre mit ihm gelebt, er war die Konstante in meinem Leben. Alles andere wechselte ja dauernd: Die Rolle, die Stadt, das Theater ...

... und auch der private Lebensraum. Sie sind recht oft umgezogen.

Tja, ich habe halt eine Zigeunernatur. Immer wieder musste ich woanders hin, wieder etwas Neues aufbauen, Häuser bauen, Wohnungen einrichten. Jetzt wohne ich seit über zwanzig Jahren im Augustinum in Stuttgart, aber ich bin trotzdem nicht sesshaft geworden. Es treibt mich immer wieder weg von hier, ich muss immer wieder woanders hin, Aufführungen sehen, Leute treffen – um mich dann wieder auf mein Zuhause zu freuen.

Zehn Jahre war das Paar Borkh-Welitsch gemeinsam unterwegs, vor allem in den USA. Eine typische Sänger-GmbH, Verkauf im Doppelpack?

Das war zumindest der Plan. Aber wie sich bald herausstellte, wollten sie in erster Linie mich, den kommenden Star – und nahmen ihn mehr oder weniger in Kauf, manchmal auch zähneknirschend. Nicht, dass er kein guter Sänger war. Aber er brannte halt nicht an beiden Enden, und er hatte auch nicht den Ehrgeiz, der Beste zu sein. Ihm reichte es, wenn er in meiner Nähe war, ein paar gute Engagements bekam und auf gemeinsamen Tourneen ordentlich Geld verdienen konnte. Dass es öfters vorkam, dass man mich wollte und nicht ihn, führte natürlich zu starken Spannungen. Als mich Karajan zum Beispiel als Salome an die Scala holen wollte und deutlich zu verstehen gab, dass er sich den Jochanaan selber aussuchen wollte, sagte Sascha: »Dann eben nicht! Ich lasse mir doch keinen anderen Jochanaan vor die Nase setzen.«

Und daraufhin haben Sie abgesagt?

Ja, ohne eine Spur von Reue. Wobei ich, was Karajan betrifft, rückblickend sagen muss: Hätte ich doch lieber zugesagt und einen Krach mit Sascha riskiert. Denn dass ich mit Karajan nur ganz selten gesungen habe (aus den unterschiedlichsten Gründen, er hat mir die »Salome«-Absage keineswegs lange nachgetragen), gehört zu den großen Regrets meines Berufslebens. Ich bin sicher, dass wir gut miteinander ausgekommen wären.

War Sascha eifersüchtig?

Sehr. Auf alles. Das mussten keine Kollegen sein, mit denen ich auf der Bühne stand. Das konnte schon ein Buch sein, das ich las, statt die Zeit mit ihm zu teilen. »Musst du jetzt unbedingt lesen?!«, hieß es dann. Aber neidisch auf meine Erfolge war er nie. Er hat mir alles von Herzen gegönnt und konnte sich sehr mitfreuen, wenn etwas gut gelungen war.

Inge Borkh und Alexander Welitsch, PR-Foto für die USA-Tournee 1954

Anfang der 60er Jahre zogen Sie von Stuttgart nach München, bauten dort wieder ein Haus –

– ein wunderschönes und ausgerechnet in der Gralsstraße! Dort hätten wir besser bleiben sollen.

Warum sind Sie dann wieder weg?

Weil ich so verletzt war durch das merkwürdige Verhalten von Günther Rennert. Ich war ja nach meinem Abschied von Bern

nicht mehr an ein Haus gebunden. Und als Rennert Intendant der Bayerischen Staatsoper wurde, schrieb er mir nach einer »Macbeth«-Aufführung: »Ihre Lady war großartig, Sie gehören in meinen Stall!« Ich war darüber sehr glücklich, denn wenn ich irgendwo sesshaft werden wollte, dann in München. Und ein halbes Jahr später, bei unserem ersten Gespräch in seinem Direktionszimmer sagt er mir: »Tut mir Leid, aber ich habe hier im Haus eigentlich keine Verwendung mehr für Sie.«
Das hat mich damals derart gekränkt, dass ich kurz entschlossen unser

Umzugskarte 1958

Haus verkaufte und mit Sascha in die Schweiz gezogen bin. Wir hatten dort zwei Domizile: Ein Haus oberhalb vom Bodensee und eine sehr schöne Wohnung oberhalb des Genfer Sees.

Was war der Grund für Rennerts Sinneswandel?

Wenn ich das wüsste! Bis heute habe ich keine plausible Erklärung gefunden. Denn damals war ich ja keineswegs auf dem absteigenden Ast, ich hatte Angebote von ersten Häusern und wurde vom Münchner Publikum sehr geschätzt. Und den Gedanken, an dem Bühnentürl des Nationaltheaters vorbeizugehen und nicht mehr hinein zu dürfen, den konnte ich damals nicht ertragen. Also hab ich das Haus verkauft und bin weg von München. Ich habe oft überlegt: Was kann damals geschehen sein?

Ob Rennert vielleicht fürchtete, dass Sascha irgendwas aus der Vergangenheit ausplaudern könnte? Die beiden waren ja damals zusammen in Königsberg engagiert, und ich weiß von Sascha, dass sie dort allerhand Jugendstreiche machten, an die er als Staatsintendant sicher nicht mehr gern erinnert werden wollte. Oder war ich jemandem im Wege? Ich werde es wohl nie erfahren.

In der Schweiz sind Sie bis zum Ende Ihrer Opern-Laufbahn im Frühjahr 1973 geblieben. Dann ging es zurück nach Stuttgart. Warum?

Sascha wollte dorthin zurück. Er hatte sich in der Schweiz nie so ganz heimisch gefühlt, weil er weder Schwyzerdütsch noch Französisch sprach. Und in Stuttgart hoffte er, an alte Zeiten anknüpfen zu können. Er vermisste seine Skatbrüder und die alten Kumpel von der Oper. Und nachdem ich ja nun nicht mehr sang, hoffte er, mit mir ein ruhiges bequemes Leben zu leben. Aber da hatte er sich gründlich verkalkuliert. Ich meine, ich hätte ja manches für ihn getan – aber ein *bequemes* Leben, das war nun wirklich das Letzte, was ich wollte. Ich war ja immerhin 16 Jahre jünger, ich wollte raus, wollte reisen, Konzerte hören, Sport machen, Musik machen, Freunde treffen, Wandern. Und er saß einfach nur da, schaute fern und löste Kreuzworträtsel. »Lass mich doch einfach nur sein«, meinte er, »ich brauche keine Abwechslung mehr.«

Damit stürzte er uns, ohne es zu wollen, in eine schwere Krise. Ich lernte einen Mann kennen, der das glatte Gegenteil von Sascha war: Reiselustig, vielseitig interessiert, bibliophil. Aus der anfänglichen Interessengemeinschaft wurde bald ein Verhältnis, das schließlich so weit ging, dass der Mann mich bat, Sascha zu verlassen und ihn zu heiraten. Aber das wollte ich nicht. Außerdem kam dann wieder meine Mutter dazwischen und gab zu bedenken, wie abhängig ich von Sascha war. Alles Finanzielle war ja komplett in seiner Hand.

Hatte er denn nie Affären?

Davon wollte ich nie etwas wissen, aber ich bin sicher, dass es Seitensprünge gab. Keine festen Verhältnisse, sondern kleine Abenteuer, wo es in erster Linie um das Körperliche ging. Und *darauf* eifersüchtig zu sein, finde ich töricht und kleinlich. Nur einmal fühlte ich mich wirklich betrogen, als ich ihn mal erwischte mit einem Mädchen, das seit Jahren für uns arbeitete und sich so unentbehrlich gemacht hatte wie Eve Harrington in »All about Eve«. Da war ich wirklich sauer und hab ihr mitten in der Nacht alle Klamotten vor die Tür in den Schnee geschmissen. Ich fand das unerhört – nicht wegen des Techtelmechtels, sondern weil es eine Person aus unserem engsten Kreis war. Aber seine Seitensprünge waren harmlos gegen mein Verhältnis mit dem bibliophilen Wanderer. Das war weit mehr als ein Seitensprung, das war ein großer Treuebruch. Und Sascha nahm sich das Ganze sehr zu Herzen, im buchstäblichen Sinn. Er bekam einen Herzinfarkt. Natürlich hatte ich deswegen heftige Schuldgefühle, aber ich fühle mich insofern etwas entlastet, als Sascha durch sein passives Verhalten uns in diese Krise geführt hatte. Wenn er mich als interessierte Partnerin wahrgenommen hätte, die vom Leben mehr erwartete als Bequemlichkeit, dann wäre kein Platz für einen anderen Mann gewesen.

Doch bei allen Schwierigkeiten habe ich mir immer wieder vorgesagt, wie sehr ich ihn geliebt habe, wie sehr ich darum kämpfen musste, ihn heiraten zu können und wie sehr ich überzeugt war, dass er der einzig richtige Mann für mich war. So blieben wir beieinander – nicht mehr so ganz in gegenseitiger Hingabe, aber doch in neu beleuchteter Freundschaft.

Haben Sie sich mit ihm auch in Glaubensfragen verstanden?

Sascha war auf seine Weise ein sehr positiver und auch ein gläubiger Mensch. Er hat einmal zu einem Pfarrer gesagt: »Ich bin auf die Welt gekommen mit dem Recht glücklich zu sein. Wenn ich nicht die Schönheit des Lebens genieße, versündige ich mich an der Schöpfung.« Gott sei Dank ist es ihm gelungen, diesen Standpunkt bis zum Ende seines Lebens durchzuhalten. Er starb am 21. Oktober 1991. Wir waren also auf den Tag genau vierzig Jahre zusammen.

Opera's Red Letter Day

San Francisco 1953 · Kein Geschenk für Adler · Hollywood Bowl · Rudolf Bing · Die Kritiken der Claudia Cassidy · Briefe aus Chicago · »Elektra« mit Fritz Reiner · Luben Vichey und die NCAC · Maria Callas und die PR-Maschinerie · Das geplatzte Konzertkleid · Met-Debüt mit »Salome« · Dimitri Mitropoulos · »Elektra« an der Met · The American Way of Life

Im Mai 2001 traf ich bei einer Pressekonferenz in San Francisco die Journalistin Sophie von Buchau. Als ich sie nach ihrem eindrucksvollsten Opernerlebnis im War Memorial House fragte, gab sie zur Antwort: »That was in September 1953: ›Elektra‹ with Inge Borkh.«

Das war ein Riesenerfolg damals. Mit Georg Solti am Pult, Margarete Klose als Klytämnestra und Paul Schöffler als Orest. Das Publikum tobte, und die Presse hat sich überschlagen.

Opera's Red Letter Day
Miss Borkh would seem the best thing that has happened to German Opera in this country since the great days of Flagstad.
Frau Borkh scheint das Beste zu sein, was dem deutschen Opern-Repertoire in diesem Land seit den großen Tagen der Flagstad passiert ist.
Alfred Frankenstein, The San Francisco Chronicle, 27.9.1953

Inge Borkh Sensational in the Title Role
The voice is beautiful, young – yet mature and remarkably expressive. It conveyed the full gamut of emotion from stark hate to great love – as did Miss Borkh's face and body. For the soprano used her entire body as her instrument of expression ...
Die Stimme ist schön und jung – und doch reif und von bemerkenswerter Ausdruckskraft. Nicht nur ihre Stimme bringt die ganze Skala der Emotionen zum Ausdruck – vom blinden Haß bis zur hingebungsvollen Liebe –, sondern auch ihr Gesicht und ihr Körper. Denn die Sopranistin benützte ihren ganzen Körper als Instrument des Ausdrucks.
Marjory M. Fisher, News, 26.9.1953

Inge Borkh Emerges as Magnificent New Elektra

On stage for one hour and a half of sustained, gruelling singing, Miss Borkh proved her stamina by producing luxurious tones to the bitter end, leaving her audience limp and shaken by the intensity of her performance.

Anderthalb Stunden auf der Bühne im Dauereinsatz einer mörderischen Partie, bewies Frau Borkh ihr Durchhaltevermögen, indem sie bis zum bitteren Ende prachtvolle Klänge produzierte. Das Publikum war erschöpft und erschüttert ob der Intensität ihrer Darbietung.

Margaret Harford, Los Angeles Citizen News, 21.10.1953

Inge Borkh Acclaimed as Brilliant In Her Performance of 'Elektra'

By ALEXANDER FRIED

Such a shout as might hail a new Flagstad roared out from the audience at the final curtain of "Elektra," Friday night in the Opera House.

The first cheer concentrated on Inge Borkh, German-Swiss soprano, who had just given a monumentally exciting performance of the title role of Richard Strauss' tremendous melodrama.

CURTAIN RAISER.

Cheers also greeted two other artists new to this country— Margarete Klose, as the decadent Queen Klytemnestra, and Georg Solti, who conducted the tempestuous score with a prodigious energy, art and baton skill.

Before the lurid "Elektra," an aptly charming curtain-raiser was the Opera Ballet's revival of Beethoven's "Creatures of Prometheus."

One performance can't tell the whole story about any artist. But certainly the debut here of the titian-haired Miss Borkh revealed a bright page that may well soon grow into a brilliant book in San Francisco Opera history.

She was a young Elektra— which is rare and correct. In stature and feature, she is big; in limb, slender. She put an amazingly livid emotion and realty into the role of the legendary Greek maiden who becomes bewitched with hatred against the man who slew her father, and against her mother for taking the slayer to her bosom.

Miss Borkh's voice, of Wagnerian sweep and eloquence, enhanced every quality of her appearance in the mad, neurotic role. It covered a thousand facets of mood, from cackling irony to heaven-storming vengeance. And when Elektra's neurotic fever sometimes abated the voice sank into a softness that was tragically youthful, yearning and enraptured.

Zeitungsausschnitt Elektra-Premiere San Francisco 1953

Es war quasi eine kleine »german season« mit »Elektra«, »Tristan« und »Walküre«, mit dabei waren noch Gertrude Grob-Prandl und Ludwig Suthaus.

Wir waren völlig überwältigt von den Reaktionen der Opernfans. Man hatte den Eindruck, dass die Opera Season der Mittelpunkt ihres Lebens war. Sie stürzten sich auf uns Sänger, verwöhnten uns, zeigten uns die Gegend, fuhren uns in Weinberge, gaben Partys für uns. Und wir kamen aus dem Staunen nicht heraus. Allein, wie unsere Gastgeber ihre Gärten dekoriert hatten. Mit Lichterketten in den Bäumen und am Swimmingpool ... Das war für uns der Inbegriff von *La dolce vita*.

Jeden Abend, wenn wir ins Hotel zurückkamen, lagen dort ganze Stapel von Päckchen, Visitenkarten und Einladungen. So war es auch in Los Angeles. Einmal war eine Einladung zu einer Party am Wilshire Boulevard dabei, und da das die Straße war, in der wir wohnten, dachten wir: Ja, da fahren wir hin, das kann ja nicht weit weg sein. Wie wir dann feststellten, erstreckt sich der Wilshire Boulevard bis zum Meer hin, und so fuhren wir eine ganze Stunde zur Party. Dort angekommen, fragte ich unseren Gastgeber nach der Herkunft einer wunderbaren Skulptur in der Eingangshalle. »Keine Ahnung«, antwortete der Mann, »ich habe die Dame des Hauses erst vor kurzem geheiratet.«

Mit Elektra und Sieglinde waren Sie offenbar nicht ausgelastet; zwischendurch sangen Sie noch die »Turandot«-Premiere unter Fausto Cleva.

Oh, das war mein schönstes Turandot-Erlebnis. Denn Cleva hat mich derart unterstützt, dass ich stimmlich ganz entspannt war und fast vergessen habe, dass es eine Grenzpartie für mich ist. Auch ein Jahr später hat er mich sehr unterstützt, als ich zum ersten und letzten Mal die Elsa in »Lohengrin« sang.

Was war das Problem?

Ich stimmte innerlich nicht mit der Passivität dieser Figur überein. Ortrud wäre sicher eher meine Rolle gewesen. Ich weiß nur noch, dass ich bei »Euch Lüften, die mein Klagen« völlig vor Angst zitternd auf dem Balkon stand und entsprechend wacklig klang – und siehe da: die Kritiken waren blendend. Wieder hieß es, dass man so eine Stimme seit der Flagstad nicht mehr gehört hätte! Und das sollte ich in Amerika noch öfters erfahren: Dass meine Selbsteinschätzung und die der Presse manchmal meilenweit auseinander lagen.

Der Direktor der Oper in San Francisco war Kurt Herbert Adler, der gerade sein Amt als Nachfolger des verstorbenen Gaetano Merola angetreten hatte. Wie sind Sie mit ihm ausgekommen?

Gut. Er war ein Kavalier, las einem jeden Wunsch von den Augen ab. Aber dass er den Sascha mitkaufen musste, hat ihm gar nicht behagt. Ob seine Herzlichkeit wahrhaftig war, weiß ich bis heute nicht. Darin entsprach er den landläufigen Vorstellungen vom »typischen Wiener«. Was er einem an schönen Worten sagte und wie er sich dann verhielt, war oft zweierlei. Zum Beispiel bei seinem 25-jährigen Jubiläum in San Francisco. Ich war eingeladen, zusammen mit vielen prominenten Sängern, die früher in San Francisco gesungen hatten. Und schon vorher hatte Adler geschrieben: Wenn die offizielle Feierei vorbei ist, müssen Sie unbedingt

Hollywood-Bowl-Konzert 1960   *Mit Kurt Herbert Adler, San Francisco 1953*

zu uns nach Hause kommen, es gibt ja so viel zu erzählen. Gut, ich fliege hin, und in meinem Handgepäck ist ein schöner Moriskentänzer, echt vergoldet, wirklich ein edles Stück aus dem Antiquariat, x-mal eingepackt, damit er ja nicht zerbricht – mein Geschenk für Adler. Die Feier ist vorbei, ich bleibe noch zehn Tage in San Francisco, bekomme von allen möglichen Seiten Einladungen. Mehrmals treffe ich Adler auf diesen Partys – und kein Wort mehr von »Wann kommen Sie zu uns nach Hause?« Da habe ich den Moriskentänzer wieder eingepackt und bin mit ihm zurück nach Hause geflogen. Jetzt steht er bei lieben Freunden.

Aber das ist nur eine amüsante Episode. Ich habe Adler sehr viel Schönes zu verdanken, u. a. ein wunderbares Konzert, das wir im Sommer 1954 in der Hollywood Bowl machten. Ich spüre noch heute, welch herrliches Gefühl es war, in die laue Abendluft hinauszusingen – vor mir der See und die zehntausend Menschen und im Hintergrund die Hügel mit dem beleuchteten Kreuz auf dem Gipfel. Man hatte das Gefühl, die Schönheit der Natur einsaugen zu können.

Inge Borkh triumphs in Bowl Appearance
This is one of the greatest voices and one the most electrifying personalities of our generation. ... In still another contrasting vein was Magda's aria from Menotti's »The Consul«, sung with such compassion and dramatic intensity and in English that would do credit to a native, that the audience was fairly swept away and gave Miss Borkh the most prolonged demonstration of the season.
Hier haben wir eine der größten Stimmen und eine der aufregendsten Per-

sönlichkeiten unserer Generation ... Die Szene der Magda in Menottis »Konsul« sang sie mit solcher Hingabe und Intensität (und mit einem Englisch, das einen Einheimischen auszeichnen würde), dass das Publikum fast ausrastete und der Sängerin den längsten Applaus der Saison gab.
Albert Goldberg, Los Angeles Times, 27.8.1954

Bowl Cheers Borkh Arias
Blonde, statuesque and magnificent, Inge Borkh sang three soprano arias in the Hollywood Bowl last night as perhaps no one else in a generation has sung them, and she was rewarded by an uproar of stamping and cheering such as the Hollywood Hills have not heard in recent seasons.
Groß, blond und prächtig anzusehen, sang Inge Borkh letzte Nacht drei Sopran-Arien in der Hollywood Bowl, sang sie so grandios, wie sie seit einer Generation wohl niemand gesungen hat – und wurde dafür mit einem Gewitter von Schreien und Trampeln belohnt, wie es in Hollywood schon lange nicht mehr zu erleben war.
Patterson Greene, Los Angeles Examiner, 27.8.1954

Und das Programm war auch nicht ohne: Salomes Schlussgesang – quasi als »Trailer« zur Premiere in San Francisco –, Turandots »In questa reggia« und die große Szene der Magda Sorel.

Das war ein unvergessliches Erlebnis. Mit Eugene Ormandy konnte ich es später wiederholen. Wir umarmten uns musikalisch, es war eine solche Übereinstimmung, wie man sie leider nur selten erlebt. Bei konzertanten Aufführungen habe ich das zum Glück öfters erlebt, so auch mit Josef Krips in Buffalo und Cincinnati, mit Igor Markevitch in der Philadelphia Dell und natürlich mit Dimitri Mitropoulos in der Carnegie Hall. Ich liebte Konzerte; man muss da wirklich Farbe bekennen, kann sich nicht hinter Maske und Kostüm verstecken. Alles liegt in der Persönlichkeit der Künstler und im Hier und Jetzt der Aufführung. Sänger und Dirigent sind sich viel näher als im Theater, nicht nur räumlich, sondern in der gesamten Kommunikation. Man kann spontan auf einen Impuls des Partners reagieren, es ist einfach ein intensiveres Miteinander-Musizieren.

San Francisco war für viele europäische Sänger das Sprungbrett zur Metropolitan Opera in New York. Der Boss der Met, Rudolf Bing, war immer bestens informiert, wer in der West-Metropole Erfolg hatte und wer nicht. Allerdings benahm er sich so, als sei San Francisco tiefste Provinz. Leonie Rysanek erzählte mir Folgendes zu den Verhandlungen wegen ihres Debüts an der Met: Nachdem Bing ihr nur deutsche Partien angeboten hatte, gab sie zu bedenken, dass sie auch das italienische Fach sang und in San Francisco großen Erfolg als Aida hatte. Worauf Bing erwiderte: »San Francisco? Wo liegt das?«

Jaja, das glaube ich gerne! So war er! Immer ein bisschen von oben herab. Und er hat mich auch ein paar Jahre links liegen lassen, nachdem ich sein erstes Angebot abgelehnt hatte. Er wollte als Debüt die Salome, und das wollte ich nicht.

Warum nicht?

Weil Ljuba Welitsch in dieser Rolle einen derart sensationellen Erfolg an der Met hatte, dass ich dachte: Nein, auf diesen Vergleich lässt du dich nicht ein. Außerdem wollte ich mich in New York zuerst als Elektra vorstellen. Und das wollte Bing wiederum nicht – wie ich später erfuhr, gehörte »Elektra« zu den Opern, die er nicht mochte. Also war die Tür zur Met erst mal wieder zu, und in den folgenden Jahren habe ich quasi um die Met herum gesungen.

Die nächste Bastion, die Sie eroberten, war Chicago. Welche Erinnerungen haben Sie an Ihre Auftritte dort?

Sehr gemischte. Das Publikum hat mich sehr gemocht, aber bei der Presse musste man auf alles gefasst sein.

Gab es einen Verriss von der gefürchteten Claudia Cassidy?

Zwei Salomes, die Geschichte machten:
Ljuba Welitsch und Inge Borkh bei einem Gesangswettbewerb in Wien (1990)

Naja, lesen Sie selbst. Sehr schmeichelhaft ist es nicht, aber auch kein Verriss. Und ihre Sprache ist derart eigen, dass ich manchmal wirklich nicht weiß, was sie gemeint hat.

Could a blonde Brünnhilde happy as a lark and healthy as the hills sing Salome? ... She could, but it took all evening to find out. ... Miss Borkh, a striking German girl at least six feet tall, confounded me when she walked on the stage to make her Chicago debut with Fritz Reiner and the Chicago Symphony orchestra. I knew by hearsay how she sounded, but it never had occurded to me to ask how she looked. So I pictured this Salome, Elektra and Lady Macbeth as dark and somehow serpentine, certainly brooding and probably mysterious.

Die blonde Brünnhilde: PR-Foto 1953

Miss Borkh, whos colours are golden, whose manner is forthright, is about as mysterious as a nice loaf of bread just out of a big family's oven.
But «Salome«, as everyone knows, is a world of its own. ... With Reiner it is magnificent. All that closing scene needed, was the shining voice to crest its furies, and the high range of the Borkh soprano is just that. There were hints, too, in the cruel curve of the mouth, the strangeness of the eyes, the sudden fluidity of motion, that this girl might also mangetize a stage. That we will discover later.
Kann eine blonde Brünnhilde, quietschvergnügt und mopsfidel, die Salome singen? ... Sie konnte, aber das festzustellen dauerte einen ganzen Abend. ... Miss Borkh, eine deutsche Amazone von mindestens einem Meter und achtzig, verwirrte mich, als sie die Bühne betrat, um ihr Chicago-Debüt mit Fritz Reiner und dem Chicago Symphony Orchestra zu geben. Ich wusste vom Hörensagen, wie sie klingt, aber es war mir bis dahin nicht in den Sinn gekommen zu fragen, wie sie aussieht. So stellte ich mir diese Salome, Elektra und Lady Macbeth als dunkel und irgendwie schlangenartig vor, Unheil ausbrü-

tend und wohl auch geheimnisvoll. Frau Borkh, goldblond und von direkter Art, ist so geheimnisvoll wie frisch gebackenes Brot aus Mutters Ofen. Doch wie jeder weiß, ist »Salome« eine Welt für sich. ... Mit Reiner am Pult ist das Stück grandios. Alles was die Schluss-Szene brauchte, war eine strahlende Stimme, um das aufbrausende Orchester zu bändigen, und der raumgreifende Sopran von Inge Borkh ist dafür genau das Richtige. Hier und da gab es Hinweise – ein grausamer Zug um den Mund, ein sonderbarer Ausdruck in den Augen, eine plötzliche Geschmeidigkeit der Bewegungen – dass diese Frau auch die Bühne beherrschen kann. Wir werden sehen.
Claudia Cassidy, Chicago Daily Tribune, 9.12.1955

Was mich bei dieser Kritik am meisten stört, ist die polemische Formulierung »striking German girl«. Das weckt beim Leser Negativassoziationen: Deutsche Streitkraft, BDM, Kraft durch Freude. Sind Sie mit solchen Vorurteilen in den USA öfters konfrontiert worden?

Nur einmal in Miami. Sascha und ich sangen zusammen ein Konzert. Das Publikum schien sehr begeistert, aber in der Kritik stand zu lesen: »Wer mag nur auf die Idee gekommen sein, unnötigerweise ein blondes deutsches Mädchen, Prototyp einer Brünnhilde, von so weit her kommen zu lassen? Musste das sein?« Aber sonst habe ich nichts davon gespürt – und genauso wenig gab es positiven Rassismus von der anderen Seite: Man hätte ja meinen können, dass ich als Tochter eines jüdischen Konsuls in bestimmten Kreisen leichtes Spiel gehabt hätte. Aber dem war nicht so. Außerdem gibt es eine eiserne Regel in unserem Beruf: Wenn der Vorhang hochgeht, zählt nur die Leistung. Protektion mag den Weg ebnen, aber gehen muss man alleine. Und jede Vorstellung ist eine neue Prüfung. Je höher man auf der Leiter des Ruhmes steigt, desto gefährlicher wird der Absturz. Auf unseren Gastspielreisen haben Alexander und ich die Sänger kleinerer Partien immer beneidet: Die kamen abends in die Garderobe und erzählten uns von ihren Ausflügen und all den Sehenswürdigkeiten der Stadt – während wir brav im Hotelzimmer geblieben waren und uns auf nichts anderes konzentrieren konnten als auf den nächsten Auftritt.

Hatten Sie Lampenfieber?

Und wie! Und je höher die Erwartungen waren, desto größer wurde es. Künstlerische und gesellschaftliche Erwartungen, wohlgemerkt. Zum Beispiel, auf welchen Partys man eingeladen war und vor allem, wie viele Partys man selber organisierte. Dann die ganz Vorab-Propaganda: Am besten sollte jedem bedeutenden Auftritt schon ein Artikel in den Zeitungen vorausgehen. Aus diesem Grunde wurden uns immer wieder Titel-Storys in diversen Magazinen angeboten; natürlich wollten sie dafür Geld. Sascha hat das alles abgelehnt. »Die Inge singt und entweder gefällt's dem Publikum oder nicht.« Und als Siegfried Hearst, mein Agent in den USA, meinte, dass zu einer richtigen Diva auch ein Nerz gehört, meinte Sascha nur: »Der Nerz singt nicht!«

Noch mal kurz zurück zu Claudia Cassidy. Vier Monate später, nach der konzertanten »Elektra« unter Reiner, ist ihr Ton schon ganz anders:

This was a monumental performance superbly cast, and scaled to the full grandeur of Inge Borkh's magificent singing in the title role. I for one have heard nothing like the outpouring of that amazing voice since the days Kirsten Flagstad walked from the mist of Nordic legend to tell us, «This is how Wagner meant it to sound». ...
This is a huge soprano, glistening in timbre, most beautiful when it mounts the high tessitura and welcomes the merciless orchestra of the still fabulous Strauss. She can ride the whirlwinds, or she can touch surprisingly the heart. Hear her sing to Orestes – that is the Flagstad time.
Eine grandiose, glänzend besetzte Aufführung, die im herrlichen Gesang von Inge Borkh ihre volle Größe entfaltete. Seit der Zeit, als Kirsten Flagstad aus dem Nebel nordischer Mythen auftauchte, um uns zu zeigen, wie Wagner klingen sollte, habe ich nichts gehört, was dem Klangstrom dieser sagenhaften Stimme gleich käme. ...
Eine riesige Sopranstimme von glänzender Farbe, und selbst dann noch bildschön, wenn sie die höchsten Gipfel erreicht und auf ein gnadenlos starkes Orchester trifft. Sie trotz jedem Sturm des Orchesters – und sie kann auch das Herz berühren. Nachzuhören in der Orest-Szene. Das ist der Flagstad-Moment.
Claudia Cassidy, Chicago Daily Tribune, 13.4.1956

Wieder der Flagstad-Vergleich. Heute weiß ich, dass das ein Riesenkompliment ist, aber damals konnte ich das nicht so schätzen. Denn ich bildete mir doch ein, ein ganz anderer Typ zu sein: eben keine Besitzerin einer Jahrhundertstimme, sondern eine singende Darstellerin. Wie auch immer – nicht nur die Cassidy, auch die anderen Kritiker in Chicago waren einfach unberechenbar. Wenn wir dachten, wir seien gut gewesen, gab es Verrisse und umgekehrt: Nach wirklich schlechten Leistungen gab es die unglaublichsten Hymnen. In den Briefen an meine Mutter habe ich mich oft darüber aufgeregt oder gewundert – je nachdem.

Chicago, 20.10.1956
Ich habe diesmal nicht so arg Gutes zu berichten: Die Salome-Presse hier war leider schlecht. Der Publikumserfolg am Abend war ausgezeichnet (es schien ein Bombenerfolg), aber die Zeitungen anderntags waren anderer Meinung und beurteilten uns schlecht. Es ist nicht leicht, die bittere Pille eines Misserfolgs zu schlucken, aber man muss den Dingen ins Auge sehen.
Heute abend ist Walküre-Premiere, mir ist recht mies davor, aber jetzt muss es durchgekämpft werden. Solti dirigiert ohne innere Anteilnahme, beflügelt uns nicht.
Mit vollen Segeln steuern wir dann auf New York zu, wo ich hoffe, wieder glücklich zu werden. Mit zwei Konzerten stelle ich mich erstmals in New York vor, Siegfried geleitet mich durch den Wust von Pressekonferenzen und Reklamegeklapper – sie sagen, das müsste so sein. Ich sollte auch noch eine zweite Television bekommen mit Boris Christoff zusammen, der in San Francisco großen Erfolg hatte.

Chicago, 22.10.1956
Uns geht es sehr gut, wir haben uns wieder abgeregt wegen der schlechten Presse. Wenn wir ausgehen, werden wir lesen, was sie über »Walküre« geschmiert haben. Gestern Abend kam eine Zeitung heraus, darin stand,

Inge Borkh, Alexander Welitsch und Hotel-Manager Harold P. Bock im »Old Vienna«, Chicago 1956

der erste Akt sei das Schönste des Abends gewesen. Wotan (Schöffler) wurde überhaupt nicht erwähnt. Haben die sich abgewechselt? Pro Akt ein Kritiker? Die Walküre (Birgit Nilsson, eine herrliche, strahlende Sängerin, die absolut keine »Nerven« hat) bekam zu lesen, dass sie den ganzen Abend nervös schien und nicht gefallen konnte ...

Cincinnati, 23.10.1956
Es ist bekannt in der ganzen Welt, dass die Presse in Chicago eine Vernichtende ist und an allen (je berühmter und beliebter sie sind, desto ärger) kein gutes Haar lässt.
Ich möchte doch wieder mehr und länger in Europa sein. Zwar bereue ich keinen Tag in Amerika, war und bin nach wie vor gerne hier – aber ich spüre, dass die Dollars mich auffressen, und das ist schade um meine Kunst.
Meine Salome wurde überhaupt nicht verstanden, und wenn ich auch als Sieglinde gute Kritiken bekam, so waren sie doch so unkünstlerisch, dass man sich fast schämt. Über meine blonden Haare wurde geschrieben, über mein fließendes, griechisch anmutendes Gewand. Fricka hat Abendsandalen mit hohen Absätzen an und ein brilliantbesetztes »sexy« Kleid, was die Kritiker hinreißend schön fanden. Sexy, Glamour, »attractive« ist ALLES.
Ich werde meine Fühler zu Karajan ausstrecken und vielleicht wieder etwas nach Berlin, jedenfalls aber an die Scala. Es wird ein großer Kampf werden, das Räderwerk des »großen« Geldverdienens lässt nicht so ohne Weiteres seine Opfer aus den Klauen. Aber ich werde als Siegerin aus dem Kampf gehen.
Amerika – ja. Aber nur noch mit Konzerten bzw. konzertanten Opernaufführungen.

Chicago, 28.10.1956
Heute waren wir bei Karajan, der mit den Berliner Philharmonikern hier ist. Es war ein ganz ganz grosses Erlebnis, die Zweite Brahms und die Meistersinger-Ouvertüre werden mir unvergesslich bleiben. Karajan ist ein *ganz Großer*, ich will mit ihm bleiben. Ich war bei ihm und er gab mir anschließend an Salzburg einen Vertrag nach Wien für sechs Abende.

Chicago, 3.11.1956
Vorgestern hatte ich hier das Wagner-Konzert mit Schöffler. Ich war gut bei Stimme, auch sorgfältig eingesungen und trotzdem schon während des ganzen Nachmittags entsetzlich aufgeregt. Ich war wirklich vom Lampenfieber gepackt. Essen, Trinken, Gut-Zureden – alles half nichts. Ich zitterte innerlich und äußerlich, war einfach ein schlotterndes Geschöpf.
Als ich aufs Konzertpodium kam, wurde ich stürmisch begrüßt. Das Haus

war bis auf den letzten Platz ausverkauft und ich spürte, dass mir das Bewusstsein, dass die Menschen nur Großes von mir erwarten, immer mehr die Kehle zuschnürte. O, diese teure Halle! Dass ich es doch nie mehr erleben musste. Und das verwackelte »Jo-ho-hoe« – mein Kopf lag schief auf den Schultern (sagte Alexander). Und mein Atem flatterte irgendwo im Raum herum, so dass ich nach jedem Wort neu Luft holen musste, die aber auch zu keinem ruhigen Ton auszureichen schien. Und all das in Chicago, wo mich das Publikum so liebt und hoch schätzt – ja eben gerade darum. Ich war so elend nach dem Konzert, dass ich mich kaum auf den Füßen halten konnte. Dr. Reiner hatte uns alle noch zu sich gebeten zu einem Glas Wein. Und dank meiner wirklich großartigen Elektra-Schallplatte, die wir bei Dr. Reiner in einer unvorstellbar hervorragenden klanglichen Wiedergabe hörten, wurde mir doch wohler und leichter ums Herz. Trotzdem konnte ich die ganze Nacht kein Auge zumachen, weil doch diese furchtbaren Kritiken zu erwarten waren. Jeder liest sie – und dann diese falschen Mitleidsbezeugungen am nächsten Tag – ach, ich war so elend.
Und was steht in der Zeitung? »She was on the peak of her freshness«, »the most glorious singing«, »She looks like a filmstar and sings as well as she looks«!! Einstimmig fand die Presse, es sei ein Konzert gewesen, das man mit Recht ein »Festival« nennen könnte. So war's!

Die »Elektra«-Aufnahme, die Sie erwähnen, war ein paar Monate zuvor in der Chicago Symphony Hall entstanden – quasi unter Live-Bedingungen und, wie mir der Produzent Jack Pfeiffer erzählte, mit nur zwei Mikrophonen. Es war eine Einspielung der RCA-Serie »Living Stereo« und sie klingt orchestral so präsent und phantastisch, dass sie seit fünfzig Jahren zu den Top-Aufnahmen der »Audiophilen Ära« gezählt wird.

Ich bin sehr froh, dass die Technik damals schon so weit

Konzertprobe in Ravinia

war, dieses gewaltige »Elektra«-Orchester so differenziert abzubilden, und ich verbinde mit dieser Aufnahme die schönsten Erinnerungen.

Fritz Reiner galt als gnadenloser Zuchtmeister. Hatten Sie Angst vor ihm?

Nein, wir sind von Anfang an gut ausgekommen. Siegfried Hearst brachte mich zu ihm, er thronte in seinem Musikzimmer wie ein unnahbarer König. Ich habe ihm vorgesungen, er war sehr angetan und hat mich gleich für drei Konzerte engagiert. Aber bei den Proben gab es einen Moment, der mir den Angstschweiß auf die Stirn trieb. Wie meist saß Sascha im Zuschauerraum. Reiner drehte das Orchester mächtig auf, es klang grandios, und als wir anfingen zu singen, hörte ich Sascha plötzlich rufen: »Stop, Halt! So geht das nicht!« Reiner drehte sich langsam um: »Wer war das?« – »Ich!«, rief Sascha, »die Balance stimmt nicht, das Orchester ist viel zu laut!« Stille. Ich wäre am liebsten im Boden versunken. Reiner sagt nichts, gibt dem Orchester ein Zeichen, noch mal von vorne anzufangen. Und nach einer Weile dreht er sich zu Sascha um und fragt: »So besser?« Wir atmeten alle erleichtert auf.

Bei welcher Agentur waren Sie in den USA unter Vertrag?

Bei der NCAC. Das war damals die zweitgrößte Musik-Agentur nach der Columbia Artists. Und sie gehörte einem Sänger, den ich noch von Bern her kannte: Luben Vichey. Eigentlich hieß er Ljubomir Vichegonow, war ein Bassist, der sich in den Kopf gesetzt hatte, ganz groß rauszukommen. Immerhin hat er es bis an die Met geschafft, allerdings war das Höchste, was er dort zu singen bekam, der König in »Aida«. Vichey war ein gut aussehender Mann, so der Typ Tangotänzer, dem die Frauen zu Füßen liegen. Zu seinen Verehrerinnen gehörte eine Multimillionärin namens Lorraine, die einiges älter war als er. Und dieser Lorraine sagte er eines

»City likes Ike, but hasn't seen Inge.« Konzert-Headline in Pittsburgh am 6.11.1956, nachdem bekannt geworden war, dass Pittsburgh für Eisenhower gestimmt hatte.

Tages: »Wenn du mir die NCAC kaufst, heirate ich dich!« So geschah es, und von Stund an hatte Vichey das große Sagen als Manager.

Zwar verstand er davon nicht viel, aber er hatte gute Mitarbeiter. Einer von ihnen war Siegfried Hearst, der mich betreute. Siegfried war ein guter Agent, zu gut, muss man in diesem Fall sagen, denn irgendwann wurde er von Vichey hinausgeekelt. Danach war er als Personal Manager tätig, für Solti, mich und einige andere.

Nachdem Sie sich mit Rudolf Bing nicht einig wurden, fand Ihr New-York-Debüt nicht an der Metropolitan Opera statt, sondern im Metropolitan Museum und in der Town Hall mit konzertanten »Fidelio«-Aufführungen in prominenter Besetzung:

Leonore   Inge Borkh
Florestan   Jon Vickers
Pizarro   Paul Schöffler
Rocco   Fernando Corena
Minister   Alexander Welitsch

Über Ihre Leonore hieß es unter anderem in der Presse: »Man ist versucht, von einer Wahlverwandtschaft zu Beethoven zu sprechen.«

Das war im November 1956. Und immerhin war Bing doch so interessiert, dass er nach der Aufführung in der Town Hall in meine Garderobe kam, zusammen mit der Callas. Es war meine erste Begegnung mit ihr. Natürlich hatte ich sie vorher schon ein paar Mal auf der Bühne gesehen, als Tosca und Lucia.

Und wie war Ihr Eindruck?

Sie war sehr freundlich, gratulierte mir. Sie war mehr als schlank, man konnte es schon mager nennen. Sie hatte ja irre viel abgenommen, weil sie unbedingt so schlank sein wollte wie Audrey Hepburn. Zu diesem Zeitpunkt sprach man schon mehr von der Diva als von der Sängerin. Viele, die sie nie gehört hatten, wussten alles über ihre Abmagerungskur, über ihr schlechtes Verhältnis zu ihrer Mutter und all die »Skandale«, in die sie angeblich verwickelt war. Damit war sie vollkommen in jene Maschinerie geraten, von der Wieland Wagner einmal sagte: »*Dass von einem geredet wird, ist entscheidend – egal was.*« Und das bedeutet, dass man das Spiel bis zum bitteren Ende mitspielen muss. Die Maske, die man aufgedrückt bekommt, wird man nicht mehr los. Man ist eine öffentliche Figur – und das ist eine viel größere Nervenbelastung als das Singen. Denn es müssen immer neue »Skandale« inszeniert und durchgestanden werden, damit die Auftritte noch spektakulärer und die Erwartungen noch höher geschraubt werden.

Glauben Sie, dass sich die Callas durch ihre Abmagerungskur stimmlich geschadet hat?

Ich denke ja. Natürlich muss man nicht dick sein, um große Partien durchzuhalten, aber wenn man die Veranlagung zum Dick-Sein hat, dann muss man damit leben. Eine drastische Abmagerungskur, wie sie die Callas vornahm, kann der Stimme nur schaden: Erstens werden die Nerven sehr belastet, die man so nötig braucht (als Grundvoraussetzung, um eine große Karriere durchzuhalten); und zweitens muss man nach einer solchen Gewaltkur die Atemtechnik neu erarbeiten und die Muskeln, die ja auch an Masse verloren haben, neu trainieren. Es war eine ungeheure Belastung, die sich die Callas da zugemutet hatte.

Sie hatten nie Gewichtsprobleme?

Schön wärs! Mein ganzes Leben habe ich gegen den Speck gekämpft. Ich habe es mir immer sehr gut schmecken lassen und musste permanent darauf achten, nicht zu dick zu werden. Und das hatte nicht allein mit weiblicher Eitelkeit zu tun, sondern war auch eine Frage der Professionalität. Wer auf die Bühne geht, hat auch die Pflicht, möglichst so auszusehen, wie es die jeweilige Rolle erfordert. Deshalb habe ich immer auf mein Gewicht geachtet. Nur einmal habe ich mich gehen lassen. Wir machten Ferien in Italien, und ich konnte den herrlichen Speisen einfach nicht widerstehen. Wir futterten nach Herzenslust drauf los, und als wir in Rom ankamen, wo ich eine konzertante »Elektra« zu singen hatte, war es zu spät.

Rom, 13. Oktober 1957
Na ich kann Dir sagen, liebe Mutti, das war gestern eine Aufregung. Für die Radio-Aufführung sollten wir alle Abendkleider tragen. So schleppte ich mein schwarzes Samtkleid mit hierher. Um dreiviertel acht zog ich es an, um halb neun war die Aufnahme angesagt. Sascha zwängte mich hinein und brach sich beim Haken-Zumachen alle Nägel ab. Endlich war ich drin. Aber, o Gott, das Kleid war derart eng geworden, dass ich kaum atmen konnte. Wie sollte ich da drin Elektra singen? Ich versuchte, einen großen Ton zu singen – schon fing es an zu platzen. Sascha öffnete ein paar Haken, und wir dachten, so würde es gehen. Ich schlug ein paar Töne an – und das Kleid platzte weiter, bis schließlich der ganze Verschluss gerissen war.
Ich war nass geschwitzt und heulte vor Aufregung. Die ganze Schminke war verlaufen, die Haare zerzaust. Es war schon nach acht. Zum Glück hatte ich noch ein Gesellschaftskleid mit, aber auch das war so eng geworden, dass ich niemals darin hätte singen können. Wir verloren beide

den Kopf. Ich zitterte derart, dass ich dachte, nie auch nur einen ruhigen Ton singen zu können.

Was tun? Ich zog ein dunkelblaues Wollkostüm an, und da an meinem Strumpfgürtel keine Strapse waren, musste ich ohne Strümpfe in Straßenschuhen zum Konzert. Nasskalt kam ich im Radio an, wo meine beiden Kolleginnen mich in pompösen Abendkleidern erwarteten, ganz tief dekolletiert und aufgemacht noch und noch. Sie starrten mich entgeistert an, aber es war keine Zeit mehr, alles zu erklären.

Dass ich gut gesungen habe, war ein Wunder. Der Wiener Kritiker Heinrich Kralik und seine Frau waren extra gekommen, um mich zu hören – und waren so begeistert, dass sie Tränen in den Augen hatten. Frau Kralik sagte noch, wie viel besser und richtiger ich ausgesehen hätte in meinem schlichten Kleid als diese »aufgedonnerten Pfauen-Weiber«. Die Aufnahmeleiterin meinte, es sei wunderbar mit mir gewesen, ich solle bald wieder kommen, und der Kassierer hat mit 67.000 Lire zu viel ausbezahlt. Genau so war's.

Wie ging es nach dem Townhall-»Fidelio« weiter mit Rudolf Bing?

Wir drehten uns im Kreis. Wieder bot er mir die Salome an, und wieder sagte ich ab – mit dem Hinweis auf die lauwarme Presse nach meiner Salome in Chicago. Und mit dem Vorwand, dass ich ja eigentlich nicht die Figur für die Rolle habe. Stattdessen schlug ich ihm »Macbeth« oder »Turandot« vor, wenn er schon nicht »Elektra« bringen wollte. Aber Bing ließ nicht locker, und mein Bedenken, dass man in den USA von einer Salome eine Hollywood-Figur erwarte, zog bei ihm überhaupt nicht, wie das folgende Telegramm beweist.

New York, 25.1.1957
SORRY MACBETH TURANDOT NOT IN REPERTORY NOR ANYTHING ELSE OF INTEREST FOR YOU STOP LJUBA WELITCH AND GOLTZ THE TWO LAST MOST SUCCESSFUL METROPOLITAN SALOMES ARE NOT EXACTLY HOLLYWOOD FIGURES EITHER STOP CONVINCED SALOME JUST RIGHT FOR YOUR DEBUT AND GREAT SUCCESS PLEASE CABLE ACCEPTANCE WILL THEN SETTLE ARRANGEMENTS HEARST REGARDS = RUDOLF BING METOPERA

Ich hab mich sehr amüsiert über dieses Telegramm und habe ihm dann nachgegeben. Ende Januar 1958 war es soweit: Met-Debüt als Salome, mit Dimitri Mitropoulos am Pult.

Und einer sehr sexy aussehenden Inge Borkh. Es gibt da ein Pressefo-

to mit Bing in Ihrer Garderobe, wo Sie ein langes, wohlgeformtes Bein zeigen. Aus dieser Zeit stammt auch Ihr berühmtestes Salome-Foto, ein Portrait des Met-Fotografen Louis Melancon, das in den folgenden Jahren als Cover Ihrer Solo-Platten diente. Dasselbe Foto zierte auch einen PR-Prospekt, den Siegfried Hearst gleich nach der »Salome«-Premiere verbreitete – mit Schlagzeilen wie: »Borkh's Salome thrilling«, »First-Class Singing« und «Met gets a Fiery Salome«.

Ja, wir waren natürlich selig über den großen Erfolg – aber ich weiß noch, dass ich mich in einem Brief an meine Mutter wieder an einer merkwürdigen Kritik festgebissen habe:

Nach dem »Salome«-Debüt an der Met gratuliert Rudolf Bing seiner Protagonistin (New York 1958)

◄ Ein großes Wagnis eingegangen war die deutsche Sopranistin Inge Borkh, als sie für ihr erstes Auftreten in der New Yorker Metropolitan-Oper die Rolle der „Salome" auswählte. Denn in dem berühmten Haus wurde als bisher unerreichte Interpretin von „Salome" die Sängerin Ljuba Welitsch angesehen. Jetzt bekam Inge von der Presse der Weltstadt bestätigt, daß ihr Auftritt der großen Vorgängerin ebenbürtig war. Bild: Inge Borkh mit Rudolf Bing, dem Manager der „Met".

New York, 28.1.1958
Also, es stehen einem schon die Haare zu Berge, wenn man als Überschrift liest: »Conductor Slices ›Salome‹ Thin, But Inge Borkh Gives It Meat.« *(Der Dirigent gibt die »Salome« scheibchenweise, aber Inge Borkh liefert das Fleisch).*
Auch wird in dieser Kritik Mitropoulos mit einem Jazzkapellmeister verglichen, der ebenso hätte am Pult stehen können. – Dass sich jede Broadway-Agentur die Finger lecken könnte, wenn sie mich unter Kontrakt bekommt, ist ja gewiss als kollossales Lob gedacht – aber auch nicht gerade das, was man sich unter einer ernsthaften Kritik vorstellt. Nun, Du wirst lesen, lachen und Dich freuen.

Ich denke, dass diese Kritik etwas von der Feindseligkeit widerspiegelt, mit der ein Teil der New Yorker Presse Mitropoulos ab Mitte der 50er Jahre begegnete. Howard Taubman, der damalige Musikkritiker der New York Times, hatte den Dirigenten massiv angegriffen, ihn für das oft undisziplinierte und erratische Spiel des New York Philharmonic verantwortlich gemacht. Mitropoulos hatte permanente Schwierigkeiten mit manchen Orchestermusikern, die seine Gutmütigkeit schamlos ausnutzten. Haben Sie von den Spannungen damals etwas mitbekommen?

Nein. Er schien sehr gelöst während der Arbeit. Falls er zu dieser Zeit sehr bedrückt war, haben wir nichts davon gemerkt. Entweder hat er es gut überspielt – oder, was wahrscheinlicher ist, er hat sich derart in die Musik hineingekniet, dass in diesem Moment alle Sorgen von ihm abgefallen sind. Er dirigierte ja alles auswendig – das ist für mich bei Musikern ein Zeichen, dass sie sich das Werk ganz zu Eigen gemacht haben. So lange man noch am Notenbild hängt, ist man nicht frei für eine persönliche Interpretation – und für eine Spontaneität des Musizierens. Gerade darin, in diesem spontanen Verständnis des Miteinander-Musizierens, war Mitropoulos für mich einzigartig. Wir gestalteten aus dem Moment heraus.

Dimitri Mitropoulos: Wenn er vor Bühne und Orchester steht und mit immer wacher, eindrucksvoller Gebärde den Strom der Musik ordnet und lenkt, erhält man nicht den Einruck einer musikalisch-technischen Funktion. Es ist kein Dirigieren, kein Kapellmeistern oder Taktschlagen. Es ist viel mehr als ob sich durch ihn Idee und Wille des Komponisten direkt und aus eigener, lebendiger Kraft mitteilen. Er ist den Sängern auf der Bühne und den Spielern im Orchesterraum nicht bloß Vermittler dessen, was in der Partitur steht, sondern er ist gleichsam die personifizierte Par-

titur selbst: So richtet er sich auf, so schlägt er sich auf, Seite um Seite, und auf direktem Wege üben die Notenzeichen mit allem, was sie sagen und ausdrücken wollen, ihren Zauber.
Heinrich Kralik, Die Presse, 14.9.1957 (Premierenkritik »Elektra« in Wien)

Von Zeitzeugen hört man immer, dass Mitropoulos menschlich absolut integer war.

Salome-Portrait von Louis Melançon, New York 1958

Das war er sicher, und das war auch mit ein Grund, warum wir uns so gut verstanden. Viele Gespräche, die wir im Russian Tearoom, seinem Stammlokal in New York, führten, drehten sich um die Erfüllung eines persönlichen Glücks. Er war ein Mensch, der auf der Suche nach dem Glück viel gelitten hat. Er gehörte zu den Vollblutmusikern, die nach einem gelungenen Konzert der Glückseligkeit sehr nahe sind – und dann brüsk in den Alltag zurückgerissen werden. Er blieb allein auf der Suche nach einem Menschen, der den Zustand des Außer-Sich-Seins versteht und mitträgt. Wie sehr konnte (und kann ich heute noch) dieses Gefühl nachvollziehen. Mitropoulos war sicher eher mitreißender Musiker als Präzisionsfanatiker. Seine Aufführungen waren einfach aufregend und unwiederholbar. Der Höhepunkt unserer gemeinsamen Arbeit war ohne Zweifel die konzertante »Elektra« in der Carnegie Hall. Da standen wir Sänger ja ganz in seiner Nähe, und diese Hochspannung, die er mit seinen Bewegungen auslöste, übertrug sich auf uns genauso wie auf die Musiker. Es war ein einziger Sog, in den wir alle gerieten und über uns selbst hinauswuchsen.

»Seine Aufführungen waren unwiederholbar.«
Mit Dimitri Mitropoulos nach einer »Elektra«-Aufführung, Salzburg 1957

Giorgio Tozzi, der in dieser Aufführung den Orest sang, erinnerte sich 44 Jahre später an Ihre Elektra:

She was one of the most intense performers with whom I ever shared the stage ... Even in the concert version she seemed to undergo a transubstantiation. It was like those computerized effects in an Arnold Schwarzenegger sci-fi-film. Spooky, and very effective, to say the least.
Sie gehörte zu den intensivsten Darstellern, mit denen ich je auf der Bühne gestanden habe. Auch in der Konzert-Version schien sie sich völlig in die Figur zu verwandeln. Es war wie bei diesen Computer-Effekten in einem Arnold-Schwarzenegger-Sciencefictionfilm. Gespenstisch und sehr effektiv.

Diese Aufführung, die in einem Mitschnitt erhalten ist, fand wenige Wochen nach der »Salome«-Premiere statt. Ein gutes Timing – und vielleicht auch ein Wink mit dem Zaunpfahl in Richtung Rudolf Bing?

Auf jeden Fall! Denn ich wollte ihm und den New Yorkern unbedingt auch meine Elektra präsentieren. Wenn schon nicht an der Met, dann wenigstens konzertant. Und es hat auch nicht seine Wirkung verfehlt. Drei Jahre später, im Februar 1961, sang ich meine erste Elektra an der Met.

Auch davon gibt es einen Mitschnitt; bei dem Konzert zu Ihrem 85. Geburtstag im Prinzregententheater spielte man daraus die Schluss-Szene. Wie war das Wiederhören nach 45 Jahren?

Ich war so aufgeregt, als hätte ich in diesem Moment noch einmal auftreten müssen, und bin beim Hören so sehr mitgegangen, dass ich körperlich spürte, wie ich mich damals bewegt habe. Für einen Augenblick war ich noch einmal ganz außer mir. Und es hat mich beruhigt zu wissen, dass diese »Elektra« weiterlebt – und damit ein Teil von mir.

In einer Kritik stand damals sinngemäß zu lesen: »Als Inge Borkh vor den Vorhang trat, wurde sie von einem ohrenbetäubenden Schrei aus tausend Kehlen begrüßt.«

Wieder einmal hatte ich mich getäuscht. Ich hatte nämlich bei den Proben das Gefühl: Diesmal schaffe ich es nicht. Dann komme ich vor den Vorhang und werde von diesem Schrei empfangen. Eine solche Reaktion mit *Singen* auslösen zu können – das sind die unwiederholbaren Glücksmomente, die mein Leben unglaublich bereichert haben; und solange ich lebe, wird die Erinnerung daran nicht verblassen.

Warum ging es dann nach diesem Erfolg nicht weiter? Immerhin gab es ja inzwischen Neuinszenierungen von »Macbeth«, »Turandot« und »Alceste«. Da hätte Bing Sie doch prima einsetzen können.

Er hat mir auch Verschiedenes angeboten, aber das hätte bedeutet, dass ich zwischen drei und vier Monaten am Stück hätte in den USA bleiben müssen. Und das wollte ich zu diesem Zeitpunkt nicht mehr. Ich wollte mich wieder mehr auf die europäischen Opernhäuser konzentrieren – nicht nur, weil das amerikanische »Music Business« kaum meine Welt war, sondern weil ich auch die Arbeit mit interessanten Regisseuren vermisste. Denn inzwischen hatte ich Harry Buckwitz kennen gelernt, mit dem mich bald eine starke Seelenverwandtschaft und schließlich eine große Freundschaft verband. Er war genau der Mann, der mir zu rechten Zeit künstlerische Impulse gab, indem er mich als singende Schauspielerin betrachtete und mich dementsprechend einsetzte – was mir nach meinen Erfahrungen in den USA geradezu als »Wink des Schicksals« vorkam. Hier fühlte ich mich künstlerisch zu Hause, in den USA zu singen war in erster Linie eine Frage von PR und Prestige.

In Ihren Briefen liest man immer wieder, dass Sie ein sehr ambivalentes Verhältnis zum »American Way of Life« hatten: Einerseits war Ihnen vieles zu oberflächlich, andererseits waren Sie auch oft fasziniert ...

Fasziniert war ich vor allem von der Kunstszene. Ich bin, wann immer es ging, in Ausstellungen gegangen. Die Amerikaner haben auf diesem Gebiet ein unglaublich sicheres Gespür für Qualität. Ich hatte immer den Eindruck, dass das Meiste, was in den Ausstellungen gezeigt wird, Bestand hat; und dass Scharlatanerie in der amerikanischen Kunstszene weit weniger Chancen hat als in Europa.

Und wie waren, abgesehen von der Zuneigung der Fans, Ihre Erfahrungen mit den Menschen in den USA?

Ich habe viele interessante und liebenswerte Menschen kennen gelernt, man hat mich geliebt und sehr verwöhnt, und ich habe allen Grund, den Amerikanern dankbar zu sein. Dass mir trotzdem das Leben dort immer etwas fremd geblieben ist, hängt sicher auch mit zwischenmenschlichen Verhaltensweisen zusammen. Wenn Sie in Amerika gefragt werden »How do you do?«, ist die Standardantwort: »Thank you, I'm fine. And you?« Etwas anderes will man nicht hören, auch wenn es Ihnen so dreckig geht, dass es selbst der Unsensibelste nicht übersehen kann. Oder dieses »Call me!« Wehe, wenn Sie das wirklich tun! Es eine reine Höflichkeitsfloskel. Das muss man wissen. Wenn man es nicht weiß, kann es einen ganz

Portrait-Foto USA 1956

schlimm treffen. Und wenn man es weiß, muss man sich fragen: Ist das meine Art, mit Menschen umzugehen? Ich kann es nicht. Small Talk liegt mir nun mal nicht. Wenn ich mit jemandem spreche, dann möchte ich etwas erfahren, was diesen Menschen ausmacht, ich möchte ihn kennen lernen, auf ihn eingehen. Und nicht dauernd aufpassen müssen, ob ich die ungeschriebenen Gesetze der Konversation erfülle.

Ich habe öfters erlebt, dass Europäer, die den Small Talk verweigern und »in die Tiefe« dringen wollen, von Amerikanern als »distanzlos« empfunden werden.

Heute kann ich das eher begreifen, heute weiß ich, dass es Schwellen geben muss, die man nicht überschreiten darf. Erst in einer erprobten Freundschaft kann ich im Gespräch so weit gehen, dass ich wesentliche Gedanken weitergebe. Die Gefahr, falsch verstanden zu werden oder zu früh sein Inneres preiszugeben, ist groß. Insofern kann Small Talk ein Schutzschild sein gegen Enttäuschungen und Verletzungen.

Höhenflüge und Niederlagen

Herbert von Karajan · Licht und Schatten in Wien · Buhs für den »Holländer« · Karl Böhm · Tränen in Dresden · Solti, Krips, Keilberth · München 1963: »Die Frau ohne Schatten« · Kollegen · Carlos Kleiber und die verhinderte »Elektra«

Joseph Keilberth, Hans Knappertsbusch, Karl Böhm, Georg Solti, Fausto Cleva, Carlo Maria Giulini, Fritz Reiner, Dimitri Mitropoulos, Josef Krips, Georges Sebastian, Rudolf Kempe, Leonard Bernstein – die Liste Ihrer Dirigenten ist eindrucksvoll. Aber mit einem war es wie bei den Königskindern: Herbert von Karajan. Mit ihm hätten Sie gern öfters gearbeitet.

Die viel zu wenigen Male, die ich mit ihm gesungen habe, hatte ich das Gefühl, dass er *mit* uns Sängern musiziert. Er wollte, dass wir alle zusammen etwas Schönes schaffen. Er wollte das Gesamtkunstwerk, und davon wäre ich gern öfters ein Teil gewesen. Erstmals begegnet sind wir uns im Sommer 1952, vor dem Bayreuther Festspielhaus. Zum Entsetzen der Altwagnerianer brauste ich mit meinem Sportwagen, das Radio aufgedreht, den grünen Hügel hinauf. Und vor der heiligen Stätte spielte ich dann auch noch Jokari, das ist dieses Einmann-Tennis, wo man den Gummiball, der an einer langen Schnur befestigt ist, so weit wie möglich wegschlagen muss. Beeindruckt von meinen Künsten stellte sich Karajan eines Tages dazu, und wir spielten im Duett. Das war meine einzige Premiere mit ihm – leider. Denn den »Ring« dirigierte er in diesem Jahr nicht mehr, und später, als er dann Direktor der Wiener Staatsoper war, hat es lange gedauert, bis wir gemeinsam angesetzt wurden. Als es dann endlich dazu kam – es war eine »Tosca« –, war ich »natürlich« indisponiert! Zwar hatte er mit mir danach noch Verschiedenes geplant, unter anderem »Die Frau ohne Schatten« zum 100. Geburtstag von Richard Strauss im Juni 1964, aber immer ist etwas dazwischen gekommen – was ich sehr bedauere, denn ich bin sicher, dass wir künstlerisch sehr gut miteinander harmoniert hätten. Er hätte mich wahrscheinlich etwas weggeführt von Strauss, hin zu Verdi und zu eher lyrischen Partien. Und dadurch wäre ich vielleicht einem breiteren Publikum bekannt geworden.

Es ist erstaunlich, dass eine Sängerin von Ihrem Renommee relativ wenig an der Wiener Staatsoper gesungen hat. Laut »Chronik der Wiener Staatsoper 1945–1995« waren es insgesamt nur 41 Aufführungen:

Elektra	9	*1957–1969*
Fidelio	16	*1957–1969*
Holländer	4	*1951–1968*
Katerina Ismailova	3	*1968*
Salome	2	*1948, 1958*
Tosca	5	*1957–1959*
Turandot	2	*1957*

Ja, in Wien hat eben vieles nicht so geklappt, wie ich es mir gewünscht hätte. Das fing schon mit der ersten Salome an. Das war Ende Oktober 1948. Wodurch das Gastspiel zustande kam, weiß ich nicht mehr. Kann sein, dass Richard Strauss bei der Direktion ein Wort für mich eingelegt hat, nachdem er meine erste Salome in Bern gesehen hatte.

Wie auch immer, mein erster Auftritt im Theater an der Wien führte zu rein gar nichts. Ich habe mir von der Gage eine wunderbare Handtasche und ein Paar Schuhe gekauft und fuhr mit meiner Mutter wieder heim.

Auch meine Senta im Jahr 1951 blieb eine Episode. Aber beim dritten Anlauf klappte es: »Fidelio« unter Josef Krips in der Neuinszenierung von Heinz Tietjen, mit der das wiedererbaute Haus eröffnet worden war.

Glanzvolle Leonore in Wien
Die Hauptvorzüge liegen aber offenkundig in der subjektiven Beschaffenheit der Stimme, in ihrer ungemeinen Ausdrucks- und Wandlungsfähigkeit. So schön sie die große Arie singt, packend im Rezitativ, vornehm im Legato, brilliant in der Schlusspartie, die als Glanzlicht ein effektvolles hohes H erhält – man hört doch weniger ein prächtig vorgetragenes Gesangsstück als dass man Zeuge eines musik-dramatischen Ereignisses ist, eines Musik-Schauspiels, in dem die Darstellerin aus dem Zustand der Empörung sich aufrafft und zu solcher Entschlusskraft sich aufschwingt, dass sie den glücklichen Ausgang des geplanten Rettungswerkes bereits jubelnd vorwegnehmen kann. So wächst die Arie unmittelbar weit über die Situation hinaus und gibt ein grandioses und fesselndes Charakterbild der Leonore. Nichts Sängerinnenhaftes, nichts Hochdramatisches belastet diese Leistung, von der man sagen möchte, dass sie auf dem geradesten Weg Beethovens Idee von der Leonore verwirklicht.
Heinrich Kralik, Die Presse, 10. Mai 1957

Dieser »Fidelio« war mein eigentliches Debüt in Wien. Aber der Durchbruch kam, denke ich, mit der Übersiedlung der Salzburger »Elektra«.

Wie in Salzburg stand Mitropoulos am Pult, und wieder war Jean Madeira meine Klytämnestra. Nach Res Fischer und Margarete Klose war sie meine häufigste Partnerin in »Elektra«, eine Künstlerin, die an allen Ecken gebrannt hat. Und ein wunderbarer Mensch.

Die Reaktionen von Presse und Publikum waren enthusiastisch, und zum ersten Mal fühlte ich mich in Wien etwas zu Hause.

Wien, 15.9.1957
Liebe Mutti, nun sind wir auch in Wien sesshaft geworden. Ich kann sie kaum richtig durchdenken, diese kreisförmige Entwicklung meines Werdegangs. Dazu habe ich gestern einen Ausspruch von Aldous Huxley gelesen: »Alles, was geschieht, gleicht seinem Wesen nach dem Menschen, dem es geschieht.« Wenn Du Zeit und Lust zu lesen hast, ist das ganze Buch lesenswert, es heißt »Kontrapunkt des Lebens«.
Meine Elektra in Wien war ein großes beglückendes Erlebnis. Die Wiener Oper ist ein Raum, in dem Höheres geschehen kann als sonst wo ...

Doch wie so oft in meinem Leben: Bestimmte Wege konnte ich bis zu einem gewissen Punkt gehen – und dann kam ich nicht recht weiter. Ein Grund war sicherlich, dass Sascha Wien gern als unseren Hauptwohnsitz gesehen hätte. Er hatte uns eine wunderschöne Wohnung gemietet, malte sich unsere Zukunft in schönsten Farben aus – und musste dann feststellen, dass er bestimmte Türen nicht aufbekam. Vor allem bei Vertragsverhandlungen, die er für mich geführt hat. Da hatte er sicher nicht das diplomatische Geschick, das man in Wien in solchen Dingen einfach braucht.

Dass Sie in Bezug auf Wien kein gutes Karma hatten, zeigte auch ihre letzte Premiere an der Staatsoper: Eine Neuinszenierung von Wagners »Holländer«. Regie Adolf Rott, am Pult Karl Böhm.

Oh, das war übel. Das erste Mal, dass ich Buhs erlebt habe. Sie galten dem Tenor, der den Erik sang. Böhm hatte ihn aus Amerika mitgebracht, und da er zudem eine für damalige Verhältnisse sehr üppige Gage bekam, unterstellte ein Teil der Presse dem Böhm, dass er sich mit dem Engagement des Tenors bei seinen amerikanischen Agenten lieb Kind machen wollte.

Wie sind Sie mit Böhm ausgekommen?

Sehr gut, von Anfang an. Das Erste, was wir zusammen machten, war eine »Elektra« in Berlin, im Januar 1953, und wir haben wunderbar miteinander musiziert. Fünf Jahre später sollten wir wieder zusammen »Elektra« in Berlin aufführen, diesmal bei den Festwochen. Zwei Vorstellungen waren geplant, ganz Berlin machte eine Riesenpropaganda – und dann sagte Böhm die erste Vorstellung im letzten Moment ab. Bei der ersten Probe hatte er festgestellt, dass das Notenmaterial fehlerhaft war, und bis dann die richtigen Noten gekommen waren, blieb ihm nicht mehr genug Zeit für Proben. So etwas wurde damals noch ausführlich in der Presse berichtet. Aber das Warten hatte sich gelohnt: Die Aufführung gehört zu den aufregendsten Abenden meines Lebens.

Umjubelte Elektra mit Inge Borkh und Karl Böhm
Opernabende wie diese ... sind »Sternstunden«. Unser Opern-Orchester, das hier einmal erfuhr, wie gut es eigentlich sein kann, berauschte sich an seiner eigenen Leistung und stimmte am Ende in den brausenden Jubel um Böhm und um die Borkh ein.
Kann man beschreiben, wie die Borkh in einem Spannungsfeld von Einsamkeit und Vergeltungswut, von Ekstatik und (bei dem Wiedersehen mit dem totgesagten Orest) von Süße und ungewohnter Weichheit antike Größe erreichte? Wenn sie nach vollzogener Sühne für den Mord an den Vater mit weit aufgerissenem Mund und schon ganz »außer sich« mit starren Tanzschritten in den Tod taumelt, hat man das Gefühl, das Blut gefriere.
Gertrud Pliquett, Berliner Morgenpost, 27.9.1958

Elektra über dem Gitter (Städtische Oper Berlin)

Und seine Pendanterie haben Sie nie zu spüren bekommen? Manche Sänger hatten es ja sehr schwer mit ihm.

Dann habe ich Glück gehabt. Ich hatte nie Krach mit ihm, im Gegenteil: Er hat mich manchmal derart hofiert, dass es mir peinlich war. »So wie die Borkh müssen S' singen«, hat er zu den Sängerinnen der kleinen Rollen gesagt, »so wie die Borkh!« In solchen Momenten möchte man am liebsten im Boden versinken. Leider war er oft so im Umgang mit Sängern: Er hat die Großen hofiert und die Kleinen fertiggemacht. Und zu den Musikern konnte er richtig unangenehm sein mit seinem ständigen Granteln. Als wir in Dresden die »Elektra« aufgenommen haben, hat er einen Bläser derart fertiggemacht, dass der Mann zu heulen anfing.

Das war nicht das einzige Mal, dass es bei der Dresdner »Elektra«-Aufnahme Tränen gab.

Na, in den ersten Tagen hatte ich das heulende Elend. Aber nicht wegen Böhm, sondern wegen Dresden. All diese geduckten und gedrückten Menschen, die zerstörte Stadt – das hat mich derart deprimiert, dass mir die Tränen näher waren als die Stimme.

München, 19.10.1960
Über Dresden selbst möchte ich nichts schreiben, es ist ein so furchtbares Thema, dass es mich darüber schreibend noch zu sehr erschüttern würde. Ich habe am ersten Tag so geweint und habe mich so aufgeregt über das Elend, dass ich den ganzen nächsten Tag krank im Bett liegen musste und keine Aufnahme machen konnte.
Aber die Staatskapelle hat himmlisch gespielt. Und Böhm hat das Letzte an Schönheit und Präzision aus diesem märchenhaften Orchester herausgeholt. Und letztlich ist die Aufnahme weit über allem Erwarten gut geworden. Die Stereotechnik ist ein Wunder. Was für ein Glück, dass die Aufnahme erst jetzt gemacht wurde, da wir über diese Möglichkeiten verfügen.

Nach dieser »Elektra« haben wir noch einige Aufführungen zusammen gemacht, u.a. Glucks »Iphigenie« in Salzburg mit Christa Ludwig und Walter Berry. In Amerika wohnten wir meist im gleichen Hotel, Sascha und ich waren mit Böhm und seiner Frau sehr oft privat zusammen. Er war ein ängstlicher und unruhiger Geist. Das In-sich-Ruhen war ihm nicht gegeben. Er lebte nicht im Jetzt, sondern immer ein bisschen in der Furcht vor dem, was Schlechtes passieren könnte. Vor seiner Augenoperation hat er zu uns gesagt: »Wenn ich nicht mehr Partituren lesen kann, stürze ich mich aus dem Fenster.« Und ich bin sicher, dass das völlig ernst gemeint war.

Ab einem gewissen Punkt – ich weiß nicht warum – war plötzlich Funkstille von seiner Seite. Erst bei der »Frau ohne Schatten« 1971, meinen letzten Auftritten an der Met, sind wir wieder zusammengekommen. Danach

Was unter großer Anspannung begann ...
... endete schließlich in lockerer Stimmung. Inge Borkh, Jean Madeira und Karl Böhm während der Aufnahmesitzungen zu »Elektra«, Dresden 1960

wollte er mich auch für die Pariser Erstaufführung der »Frau« haben, wiederum in Doppelbesetzung mit Christa Ludwig. Ich hatte schon die Probepläne – und danach kam nichts mehr. Das gehört wohl zu unserem Beruf, dass man von allen möglichen Stimmungen und Zufällen abhängig ist und dass man sich nicht auf Versprechungen verlassen darf. Heute wird man noch umworben, und morgen ist man schon persona non grata.

So blieb »Fr.o.Sch« an der Met Ihre letzte Arbeit mit Böhm. Nach der Generalprobe schrieben Sie an Ihre Mutter:

New York, 15.1.1971
Morgen ist Premiere, sie wird sicher sehr gut, alle singen einfach grandios. Hoffentlich mache auch ich einen Erfolg, ich bin freilich bei weitem nicht so gut wie Christa Ludwig, aber halt anders und vielleicht gefällt das. Christa spielt eine Carmen, ganz und gar verführerisch mit allem Raffinement, außerdem singt sie hinreißend! Aber ich werde mein Bestes versuchen, am 2.2. ist meine Premiere und es kommen viele, die mich mögen.

Ja, dazu muss man wissen, dass die Christa nicht nur herrlich gesungen, sondern eine Riesenstimme hatte. In dramatischen Partien hatte sie so eine Röhre wie die Birgit. Aber wenn sie Mozart sang, konnte sie ihre Stimme so schlank führen, dass sie niemals die anderen an die Wand gesungen hat. Das war einmalig.

Und ich war halt nicht mehr die Jüngste, war zu diesem Zeitpunkt fast Fünfzig und merkte schon, dass dieses Riesenhaus meine Kräfte aufzehrte. Publikum und Presse waren aber sehr gut zu mir, nur in einer Kritik stand zu lesen, dass es meiner Stimme etwas an »Körper« fehlte – und das stimmte sicher auch, zumindest für die Dimensionen der neuen Met, die ja fast 4000 Plätze hat.

Aber auch zu meiner besten Zeit habe ich nie die große Stimme gehabt, die andere in diesem Fach gehabt haben. Meine Stimme war sehr tragfähig, und da ich immer schlank gesungen habe (statt künstlich in die Breite zu gehen oder mehr Volumen vorzutäuschen, als von Natur aus da war), konnte ich all diese schweren Sachen fast dreißig Jahre lang singen. Und ich hatte eben oft das Glück mit Dirigenten zu arbeiten, die *mit* mir musiziert haben und nicht gegen mich.

Mit wem außer Fricsay und Knappertsbusch konnten Sie nicht so gut?

Leopold Ludwig zum Beispiel. Im Hamburg nannten sie ihn »Lautwig«, und er machte seinem Namen alle Ehre. Nach der ersten Vorstellung mit ihm habe ich mir geschworen: »Nie wieder musiziere ich mit diesem Mann!«

Als Klytämnestra in Glucks »Iphigenie in Aulis«, Salzburg 1962

Einer Ihrer häufigsten Partner am Pult war Georg Solti. Was Sie über ihn in Ihren Briefen schreiben, klingt eher reserviert.

Das liegt in erster Linie daran, dass ich sein Verhalten im zwischenmenschlichen Bereich oft nicht gut fand. Aber musikalisch haben wir uns sehr gut verstanden. Wir haben in Frankfurt und in den USA wunderbare Aufführungen zusammen gemacht. Allerdings musste man sich immer ganz nach seiner Auffassung richten. Kompromisse gab es da nicht. Er war einer, der nicht locker gelassen hat, bevor seine Vorstellung einer Phrase oder einer Szene verwirklicht war. Besonders akribisch war er bei der »Frau ohne Schatten« in London. Da hat er wirklich insistiert, dass wir jedes Detail so machen, wie er wollte. Wenn es dann gut gelungen war, konnte er sich wohl mitfreuen – aber mir fehlte bei ihm die warme Herzlichkeit, die man bei Keilberth und vielen anderen spürte. Gut, Solti war ein Perfektionist und hat dementsprechend hart gearbeitet.

Kann es, soll es in der Kunst so etwas geben wie Perfektion?

Zum Glück kann es das nicht geben. Perfekt kann höchstens eine Maschine sein. Aber das Streben nach Perfektion im Sinne von »Dem Ideal so nahe wie möglich kommen«, das gehört auf jeden Fall zur Kunst. Im Theater betrifft das vor allem die Probenarbeit. Proben sind für mich ein elementarer Bestandteil des Kunstwerkes: Ein allmähliches Hinfinden zum möglichst Vollkommenen. Und darin war ich mit Solti sehr einig. Er war ein leidenschaftlicher Probenarbeiter.

Bei welchen Dirigenten fühlten Sie sich richtig geborgen?

Bei Carlo Maria Giulini. Das war wirklich ein Gentleman par excellence; er hat uns alle so behandelt, wie man gern behandelt werden möchte. Leider hatte ich nur einmal das Glück, unter seiner Leitung zu singen, das war die »Euryanthe«, 1954 bei den Maifestspielen in Florenz.

Ganz wunderbar war es auch mit Josef Krips. Das war immer ein Mit-

Inge Borkh, Hans Hopf und Josef Metternich in Puccinis »Der Mantel«, München 1959.

Leidenschaftliche Probenarbeit: Inge Borkh und Regina Resnik in »Die Frau ohne Schatten«, London 1967

einander-Atmen, ein Aufeinander-Eingehen – egal, bei welcher Musik. Und wir haben ja von »Ah perfido« bis Brittens »Gloriana« einiges zusammen gemacht. Und natürlich Joseph Keilberth! Das waren einfach hervorragende Musiker, die enorm viel vom Singen verstanden haben. Übrigens fällt mir da gerade auf, dass ich sowohl mit Keilberth wie auch mit Krips wunderbare Aufführungen der »Ägyptischen Helena« erlebt habe; mit Krips im Wiener Musikvereinssaal, und mit Keilberth die Wiederaufnahme im Prinzregententheater in München.

München, 23.1.1960
Meine gestrige Generalprobe (»Die Ägyptische Helena«) ging sehr gut. Ich habe herrliche Kostüme, und Keilberth begleitet mich großartig. Ich glaube kaum, dass es augenblicklich einen Kapellmeister gibt, der das alles so fein und durchsichtig dirigieren kann wie er.

Zu diesem Zeitpunkt waren Sie in München wieder »rehabilitiert«.

Ja, die Knappertsbusch-Sperrfrist, die man nach der Geschichte in Rom über mich verhängt hatte, war vorbei, als Keilberth GMD in München wurde. Unter seiner Leitung sang ich die Giorgetta in der Neuinszenierung von Puccinis »Trittico«, meine Partner waren Josef Metternich und Hans Hopf. Wenige Monate später holte mich Rudolf Hartmann für die Wiederaufnahme besagter »Helena«. Ich schätzte

Nach der »Knappertsbusch-Sperre«: Wiederaufnahme der »Ägyptische Helena«, München 1960 mit Fritz Uhl.

seine auf die Musik bezogene Regie sehr, und offenbar hatte er auch inzwischen sein erstes Urteil über mich (»Stimme zu klein!«) revidiert. Dass er mir die Färberin zur Wiedereröffnung des Nationaltheaters 1963 anvertraute, war seine größte Anerkennung.

In seinen Erinnerungen schreibt Hartmann über die Aufführung der »Frau ohne Schatten«:

> Die während der Proben an die Sänger gestellten psychischen wie physischen Anforderungen gingen zeitweilig bis an die Grenze des Erträglichen. Die ständige seelische Anspannung brachte die sensible Inge Borkh (Färberin) mehrmals zu Tränenausbrüchen.

Das war hauptsächlich deshalb, weil mich Dietrich Fischer-Dieskau als Barak tief gerührt hat, so sehr, dass ich es kaum fertig brachte, zu ihm zu sagen: »Dort ist jetzt dein Lager!« Ich habe die Färberin niemals als Hysterikerin aufgefasst, sondern habe versucht, sie so zu gestalten, dass man spürt, wie sehr sie den Barak liebt – und wie sehr sie von ihm mehr Zuwendung erwartet. Sie ist emotional und sexuell total frustriert, darum ist sie auch so ein leichtes Opfer für die Gaukeleien der Amme.

Außer Fischer-Dieskau waren damals mit dabei: Martha Mödl als

Inspirierende Partnerschaft: mit Dietrich Fischer-Dieskau in »Die Frau ohne Schatten«, München 1963

Amme, Ingrid Bjoner als Kaiserin – und Jess Thomas als Kaiser. Mit ihm haben Sie sich besonders gut verstanden.

Er war wie ein großer Bruder für mich. Ein sehr gescheiter Mensch und ein wunderbarer Sänger; ich habe ihn sehr gemocht und geschätzt. So eine Verbundenheit habe ich nicht oft erlebt – zumindest nicht in der Zeit nach 1951, als ich keinem festen Ensemble mehr angehörte. Im Gegensatz zu Sascha, dessen festes Haus ja Stuttgart war, war ich an keinem Theater wirklich zu Hause. Und ich saß nie wie Sascha mit den Kollegen

Mit Jess Thomas in »Fidelio«

»Allein, weh, ganz allein!« – Als Elektra in Basel.

in der Kantine zusammen. Ich kam, probte, sang und ging wieder weg. Natürlich kann sich in vier Wochen Probenzeit auch eine Art Freundschaft zu einem Kollegen ergeben – aber das währte meist nur so lange, wie man eben zusammen war. Der Lisa Della Casa zum Beispiel habe ich mich immer freundschaftlich verbunden gefühlt, sie war u. a. meine wunderbare Chrysothemis in der Salzburger »Elektra«.

Aber meistens war es so, wie ich es später in einem Chanson gesungen habe: »Die Kollegen wünschen dir das Allerbeste – wenn du gehst, wenn du gehst ...« Das hatte durchaus auch seine Vorteile: Ich hatte so gut wie nie mit Kollegenneid und Intrigen zu tun; die hauseigene Konkurrenz brauchte vor mir keine Angst zu haben, weil sie wusste: Die ist ja Gast, die geht bald wieder.

Dass es in Ihrem Leben nach Riesenerfolgen öfters große Enttäuschungen gab, zeigt auch Ihre persönliche Geschichte mit Carlos Kleiber in Stuttgart.

Tja, offenbar ist es ein Teil meines Karmas, dass es bei mir immer eine Mischung von Gipfelstürmen und Talfahrten gab. Ich meine, ich habe mit meiner Stimme wirklich alles erreicht, was ich erreichen konnte. Aber es gab eben auch derbe Rückschläge. Die beiden schlimmsten waren sicher die Geschichte mit Rennert in München und dann später die »Elektra«-Affäre in Stuttgart.

Was war geschehen?

Walter Erich Schäfer, als langjähriger Intendant in Stuttgart einer der erfolgreichsten Theatermänner der Bundesrepublik, hatte mir zu meinem 50. Geburtstag eine neue »Elektra« versprochen. Am Pult sollte diesmal nicht Ferdinand Leitner stehen, sondern Schäfers neuer Lieblingsdirigent: Carlos Kleiber. Im März 1971 trafen wir uns zur ersten Probe. Ich hatte den Eindruck, dass wir gut miteinander auskommen würden – bis Kleiber am Schluss der Probe meinte: »Sie wissen ja, dass ich das Stück strichlos dirigieren werde.« Oh nein, das wusste ich nicht! Das würde bedeuten, dass man ab der Stelle »Was bluten muss?« diesen mörderischen Marathon singen muss, den Strauss später sehr stark gekürzt hat – offenbar in der Erkenntnis, dass das niemand singen kann ohne Schaden zu nehmen. Meines Wissens hat es auch seit der Uraufführung 1911 keine Sängerin gegeben, die das gesungen hat. Für die Platte – ja, da kann man es sich einteilen. Aber nicht »live«! Und jetzt wollte Kleiber diesen Strich wieder aufmachen. Was tun? Schäfer und ich waren verzweifelt, wir heulten im Duett. Schäfer erniedrigte sich so weit, dass er vor Kleiber buchstäblich auf die Knie sank und ihn anflehte, seine Entscheidung zu überdenken. Doch Kleiber blieb hart. So wurde mir mein Geburtstagsgeschenk wieder weggenommen.

Vergebens suchte Kleiber nach einer Sängerin, die in der Lage war, die Elektra strichlos zu singen. Schließlich engagierte er eine Sopranistin aus dem Osten und dirigierte die übliche Fassung mit den von Strauss vorgenommenen Strichen. Ob er von Anfang an nichts anderes vorhatte und die Geschichte mit der strichlosen Fassung nur erfunden hatte, um mich loszuwerden – oder ob er schließlich einsehen musste, dass keine Sängerin in der Lage war, sich auf die strichlose Szene einzulassen? Auch das werde ich wohl nie erfahren.

Gut, meine Geburtstags-»Elektra« bekam ich dann in München. Aber ich muss zugeben, dass mich die »Affäre Kleiber« sehr gekränkt hat – nicht zuletzt deshalb, weil ich ihn als Dirigenten sehr schätze. Als ich ein paar Jahre später seinen Bayreuther »Tristan« im Radio hörte, sind mir die Tränen gekommen. Ich weiß noch, wie ich dachte: »Ja, wenn es *so* klingt, dann ist es himmlisch.« Normalerweise habe ich bei »Tristan«-Vorstellungen nur mit den Sängern gelitten und manchmal Blut und Wasser geschwitzt. Schon deshalb hatte ich nie Ambitionen, Isolde zu singen. Aber so, wie Kleiber dirigierte, bedaure ich es um so mehr, dass wir offenbar nicht zueinander finden sollten.

Glanz und Elend der Opernregie

Wieland Wagner und Bayreuth · Experiment »Siegfried« · Brief von Harry Buckwitz · Oper in Italien · Margherita Wallmann und »La Fiamma« · Carl Ebert und »Medea« · Oper auf Deutsch · Regiehandwerk und Scharlatanerie

In Bayreuth waren Sie 1952 die Sieglinde in Wieland Wagners erster »Ring«-Inszenierung. Obwohl Wieland Sie sehr schätzte, blieb es bei diesem einen Sommer. Warum?

Ich hatte von Anfang das Gefühl, dass ich nicht nach Bayreuth passte. Mir war immer zumute, als ob ich unter Menschen bin, die sich ganz bewusst von anderen unterscheiden wollen. Auch bei der Probenarbeit mit Wieland spürte ich einen Graben zwischen uns. Er wollte zwar weg vom Pathos der früheren Wagner-Inszenierungen, blieb aber doch einer Zeit verhaftet, die ihn – ob er wollte oder nicht – geprägt hat. Er inszenierte diktatorisch und sehr von seiner Genialität überzeugt.

Ich war zu Beginn meiner Karriere himmelhoch jauchzend und ganz gewiss undiszipliniert. Ich hatte noch nicht gelernt, mich in eine streng festgefügte Regiekonzeption einzuordnen. »Vergessen Sie Ihre Salome! Schon Ihren Gang muss ich ändern!«, sagte er. »Sie müssen sich streng an meine Anweisungen halten.«

Und das war gerade zu dieser Zeit unmöglich: Ich war dabei, in die große weite Welt zu fliegen und hatte die Einstellung, nichts zu müssen, was ich nicht wollte. Außerdem war es die Zeit meiner ersten großen Liebe, und Sascha war damals nicht der Mann, der mich vor Torheiten bewahrte – und so rannte ich mir mit meiner Ausgelassenheit ganz schön den Kopf ein. Aber Wieland hat mich sehr an die Kandare genommen.

Viele Sänger aus dieser Zeit sagen, dass Wieland Wagner der erste Regisseur gewesen sei, mit dem sie eine Rolle und ein Stück von Grund auf erarbeitet haben. Vor ihm hätten sie fast nur Routiniers gehabt, die mehr oder weniger erfolgreich »arrangierten«. War das bei Ihnen auch so?

Nein, das möchte ich nicht sagen. Wieland Wagner war sicher weit mehr als ein Regisseur – ein Revolutionär, ein Exponent des Musiktheaters. Aber es hat ja vor ihm und neben ihm wirklich gute Regisseure gegeben, mit denen man intensiv gearbeitet hat. Zum Beispiel Heinz Arnold in

»Vergessen Sie Ihre Salome!« Sieglinde in Wieland Wagners erster »Ring«-Inszenierung, Bayreuth 1952.

Salome, Düsseldorf 1954

Auf den Spuren der Callas. Als Medea, Berlin 1958

München. Mit ihm habe ich bis ins kleinste Detail an der Elektra gearbeitet, eigentlich ist meine Rollenauffassung auf dem Boden dieser wunderbaren Zusammenarbeit gewachsen.

Nein, ich denke, dass ich von jedem guten Regisseur etwas lernen konnte. Zumindest habe ich mich immer bemüht, die Anregungen aufzunehmen und zu verarbeiten – manchmal zum Verdruss meines Mannes, der mir oft gesagt hat: »Du hörst zu viel auf andere Leute, bleibe doch bei deiner eigenen Linie!« Das ist eine ambivalente Geschichte: Man kann es »Offenheit für andere Meinungen« nennen oder man kann auch sagen (wie es manche Freunde von mir tun), dass ich leicht zu beeinflussen bin. Wenn mich ein gescheiter Regisseur überzeugt, übernehme ich gern seinen Standpunkt und lasse mich von ihm leiten.

Könnte man sagen, dass die 1950er und 1960er Jahre von Regisseuren geprägt waren, die in erster Linie hervorragende »Handwerker« waren? Ich denke da an Tietjen, Ebert, Hartmann, Rennert…

Es waren ganz einfach professionelle Regisseure, die das Stück kannten und es nur inszenierten, wenn sie einen Bezug dazu hatten. Ich habe in diesen Jahren niemals erlebt, dass ein Regisseur ein Stück nur inszeniert hat, um zu zeigen, wie sehr es ihm missfällt (was heute schon fast zum Theateralltag gehört). Das waren Männer, die das Stück, ihre Darsteller

Mit Carl Ebert nach der »Medea«-Premiere

und das Publikum ernst genommen haben; die alles daran setzten, damit die besonderen Qualitäten des jeweiligen Stückes herausgearbeitet werden; die auch daran interessiert waren, dass die Sänger sich in ihrer Haut wohl fühlten: dass man sie gut hört und dass sie darstellerisch überzeugen. Das Konzept für eine Opernregie richtete sich nach den Sängern, und nicht umgekehrt, dass man ihnen ein Konzept überstülpte, egal, ob es zu ihrem Typ passte oder nicht. Man akzeptierte die Eigenart eines jeden und versuchte, das Beste herauszuholen. Das war die Grundeinstellung.

In der Art der Erarbeitung gab es freilich große Unterschiede. Rudolf Hartmann zum Beispiel ließ uns bei der »Frau ohne Schatten« sehr viel Freiheit. Er wartete, was wir ihm anbieten konnten und hat dann am Detail gefeilt, ohne uns total festzulegen. Hingegen wollte Rennert von Anfang an alles genau fixieren. Da musste man exakt auf dem Planquadrat und im Lichtkegel stehen. Diese Präzisionsarbeit konnte wohl wunderbare Abende hervorbringen, aber ich fühlte mich zu sehr eingeengt, mir fehlte der Moment des Spontanen. Rennert war überhaupt kein Freund von »spontaner Eingebung«. Alles sollte nach Plan ablaufen, wie ein Uhrwerk. Und ich finde ja, dass eine Vorstellung niemals genauso sein kann – und darf! – wie die andere.

Wie war die Arbeit mit Carl Ebert bei der »Medea« in Berlin?

Bild war dabei: »Medea«, Berlin 1958

160 Jahre ist „Medea" alt – aber eine
Oper in Chromstahl

Die Städtische Oper hat für den letzten Tag der Festwochen eine Ausgrabung gewagt: am Dienstagabend Cherubinis 160 Jahre alte Oper „Medea". Aber: hat die Städtische Oper einen Schatz gefunden? Immerhin ein Werk mit einer Sopranpartie, um die sich nur die allergrößten Sängerinnen reißen können. Dienstag abend hatte Inge Borkh als Medea einen Riesenerfolg an der Städtischen Oper. Italienische Oper! Puccini, Verdi. Weiter zurück Rossini,

Bellini, Donizetti – immer denkt man an zündende Melodien. Wenn Sie an derlei denken, ist „Medea" nicht ein Musterbeispiel. Cherubini ist so eine Art Zwischenmeister. Komponist zwischen den großen Meistern.

Der Star: Inge!

Aber eine Rolle gibt's! Medea. Die Frau aus sagenhafter Vorzeit, die von Jason verlassen, gedemütigt wird und aus Rache ihre Nachfolgerin und ihre Kinder mordet.

Dieser gesanglich komplizierten tragischen Partie gibt Inge Borkh unerschöpfliche stimmliche Gewalt. Von ihr nimmt man auch die große tragische Geste wie eine Naturerscheinung hin. Der Schatz war Inge.

Dirigent Vittorio Gui und Carl Ebert, der Regisseur, gaben der erhaben-dramatischen Geschichte alles nur mögliche Leben – und von den Sängern halfen ihnen noch am besten dabei Sieglinde Wagner und Tomislav Neralic. Nur eines lenkte mich ab:

Reinkings Dekoration. Daß man nur mit Andeutungen arbeitet –: gut. Aber warum schien Kreons Palast mit verchromtem modernem Stahlrohr gebaut und mit schwarzer Fliesenverkleidung? Der Beifall war groß. –m.

Ebert setzte bereits große Vorarbeit voraus. Er hatte Medea angesetzt, weil er überzeugt war, dass ich diese Frau genau so hingebungsvoll gestalten würde wie es die Callas getan hat. Um so mehr, als Vittorio Gui der Dirigent der beiden Aufführungen war.

In Berlin wurde das Werk damals natürlich auf Deutsch gegeben. Wie stehen Sie eigentlich zur Frage »Originalsprache oder Übersetzung«?

Direkter Weg von »Elektra« zu »La Fiamma«. In Respighis Oper debütierte Inge Borkh 1955 an der Mailänder Scala

Diabolische Intelligenz: Als Lady Macbeth in der Frankfurter Inszenierung von Harry Buckwitz (1962).

Ich bin unbedingt für Textverständlichkeit – also Übersetzung. Wie soll denn ein Publikum beim »Figaro« oder »Falstaff« lachen können, wenn es nicht versteht, um was es geht? Auch beim vorherigen Lesen des Textbuches versäumt der Zuschauer die Situation des Augenblicks, wenn er die Pointe des Witzes nicht versteht. Und die Über- oder Untertitel lenken doch zu sehr vom Bühnengeschehen ab, als dass sie eine wirkliche Hilfe wären.

Frauen in so genannten Männerberufen waren damals die absolute Ausnahme. Zu Ihrer Zeit gab es nur eine im internationalen Geschäft: Margherita Wallmann. Sie war die Regisseurin bei Ihrem Debüt an der Mailänder Scala, 1955 in der Neuproduktion von Respighis »La Fiamma«. Dass die Scala eine Deutsche für ein italienisches Werk engagierte, war damals die absolute Ausnahme ...

Dieses Engagement habe ich der Elsa Respighi zu verdanken. Sie hatte mich als Elektra gehört und wollte mich unbedingt für die Oper ihres Mann haben. Sie meinte, von »Elektra« führte ein direkter Weg zur »Fiamma«. Margherita Wallmann, die das Stück inszenierte, sagte wiederum, dass sie mit der Art meiner Körperbeherrschung viel anfangen könne. Das waren natürlich günstige Voraussetzungen. Was die Wallmann in dem eindrucksvollen Renaissance-Bild inszenierte, war eine grandiose Choreographie (und zwar für alle, nicht nur für den Chor), und das Publikum war hingerissen. Sie war nicht nur Spezialistin für wirksame Massenszenen, sie war vorbildliche Streiterin für eine visuelle Ästhetik.

Ich sehe sie heute noch vor mir: Diese zierliche Person, die nach einem schweren Unfall ihre Karriere als Tänzerin aufgeben musste und fortan hinkte – was für eine Autorität ging von dieser Frau aus! Alles sprang, wenn sie auch nur etwas die Stimme hob.

Wir sprachen bereits über Harry Buckwitz. Bei ihm konnten Sie sein, was Sie Ihrem Wesen nach waren: eine singende Schauspielerin.

Für mich war Buckwitz die Verkörperung dessen, was ich mir unter »Musik-Theater« vorstellte: Weg vom Musealen, weg von der Rampensingerei, weg von den leeren Gesten! Hin zu einer Darbietung, bei der man von der Darstellung genauso beeindruckt ist wie vom Gesang. Buckwitz kam ja aus dem Umkreis von Bert Brecht, war mit Friedrich Dürrenmatt befreundet und hatte einen weiteren Horizont als die meisten Intendanten und Opern-Regisseure seiner Zeit. Und ich verkörperte offenbar das, was er sich unter einem singenden Schauspieler vorstellte. Als wir zusammen »Macbeth« erarbeiteten, wurde meine Lady eine andere als die, die ich in den USA präsentiert hatte. Die ganze Aufführung war von Shakespeare geprägt. »Denken Sie nicht so viel ans Singen«, sagte Buckwitz, und das deckte sich genau mit dem, was Verdi wollte: Eben keine Nur-schön-Sängerin. Wie gut fühlte ich mich von Buckwitz verstanden – in meinem Bestreben, dass man in der Oper ebenso glaubhaft darstellen kann wie im Schauspiel. Hinzu kam, dass wir uns auch menschlich sehr mochten. Seine Briefe gehören zu meinen schönsten Andenken.

Meine liebe Lady Borkh,
wenn ich für das gute Gelingen nach allen Seiten hin so zuversichtlich sein dürfte wie bei Ihnen, dann wäre mir wohler! Ach, was sind Sie für eine herrliche, unermüdliche Mitarbeiterin! Sie verstehen nicht nur, was gemeint ist, Sie setzen es auch um! Deshalb wird Ihre »Lady« heute Abend von einer bösen Verhaltenheit sein. Diabolische Intelligenz wird von Ihnen ausgehen; Sie haben es nicht nötig zu übersteuern; denn allein die ständig fühlbare Sprungbereitschaft, das Schwelen der Gedanken, der kurze Blitz eines Ausbruchs sind für die Lady Macbeth viel legitimere Ausdrucksmittel als ungezügelte Dämonie und wild dramatische Gestik.
Ich habe mir für Sie ein Amulett ausgedacht, das als Glücks-Requisit zu Ihrem Schminktisch gehören soll. Das goldene Schühlein aus Arabien »versüßt zwar nicht Ihre Hand mit Balsamduft«, es soll sie aber von Erfolg zu Erfolg tragen und Sie immer daran erinnern, dass Sie einen Theatermann, Verehrer, Freund errungen haben, der für immer zu Ihnen gehören wird. In dieser dreifachen Zugehörigkeit wage ich es, Sie herzlich zu umarmen als
Ihr Harry Buckwitz

Die leisen Vorboten des Altweibersommers überlistet Du. Sie finden bei Dir keinen Eingang. Deine Jungbronnen-Therapie ist ebenso konsequent wie bewundernswert. Aus dem triumphalen Finale der Elektra schwingst Du Dich in einem Salto vitale in ein neues Besinnungsreich. Du erfindest Dir neue Bewährungsproben. Du ersetzt die äußeren Erfahrungen durch innere Erkenntnisse. Du gibst die Erfahrungen Deiner Siege an andere weiter, denen Du das Sich-Finden, das Kämpfen und Siegen erleichtern willst.
Harry Buckwitz zum 60. Geburtstag von Inge Borkh

Fing nicht mit Buckwitz schon jenes Regie-Theater an, über das Sie sich heute so oft aufregen?

Nein, das finde ich nicht. Denn er war wirklich innovativ und nicht nur provokant. Und ich bin sicher: Er hätte sich *niemals* mit dem identifizieren können, was seitdem alles im Namen des Regie-Theaters verbrochen wurde. Er war ein intelligenter, gebildeter Mensch, ein Mann mit Geschmack, Stil und Verantwortung – alles Qualitäten, die ich bei den so genannten »Skandalinszenierungen« vermisse.

Meistens geht es da doch nur noch um eines: die Profilierungssucht der Regisseure und die Sensationsgier des Zuschauers, die nichts mehr mit wirklicher Erschütterung zu tun hat.

Ich möchte über das so genannte Regie-Theater eigentlich nichts mehr sagen. Es ist schon so viel darüber geschrieben und gestritten worden, und wenn eine Frau wie ich mit 85 Jahren die Torheiten anprangert, die manche Regisseure als geniale Neuerung verkaufen wollen, dann wird man ihr nur entgegnen: Die Alte will es so haben, wie es früher war.

Ich möchte den Scharlatanen, die Banalitäten und Dummheiten als moderne Regie deklarieren, gar nicht erst die Ehre erweisen, ihnen zu erklären, dass ich mich über jede kreative, klug überlegte Neuerung freue, wenn sie dem Überlebten neue Impulse gibt. Und sonst denke ich: Lass sie machen, die Kaputtmacher unserer Kulturlandschaft. Der Tag wird kommen, an dem sie ausgelacht werden ob all dem Blödsinn, den sie jahrelang einem widerstandslosen Publikum als Kunst verkauften.

Welche waren denn die Inszenierungen, wo Sie dachten: Das ist kreativ, das ist klug, das gibt dem Stück einen neuen Impuls?

Restlos überzeugt hat mich zum Beispiel die Salzburger »Traviata« von Willy Decker. Das war der gelungene Versuch, ein Stück zu aktualisieren, ohne es zu vergewaltigen. Die »Carmen«-Inszenierung von Brigitte Fassbaender fand ich ebenso überzeugend wie originell: das ganze Stück aus der Perspektive des Don José, wie in der Novelle von Merrimeé. Oder die Frankfurter Inszenierung von Mozarts »Entführung« mit Diana Damrau – das war »modern« und dramaturgisch stimmig. Immer wieder gibt es solche Lichtblicke. Es ist noch nicht aller Tage Abend.

Was kann und soll Theater bewirken?

Dass man als Zuschauer gefangen ist von der Musik, von der Darstellung, von dem Stück. Dass man den Atem anhält und staunt. Dass man anders aus dem Theater geht, als man hineingegangen ist. Dass man tief im Innern getroffen und zu Tränen gerührt wird. Dass man sich befreien kann von den Begrenzungen des Alltags. Dass es beim Zuschauer zur »Katharsis« kommt, zur Reinigung der Seele. Kurz und gut: dass man in Gemeinschaft mit anderen eine andere Dimension des Mensch-Seins erlebt. Das kann und soll Theater leisten.

Von Schönberg bis Tal

Schönbergs Gurrelieder · »Oedipus Rex« mit Bernstein · »Katerina Ismailova« · Erbsen zählen mit Orff und Leitner · »Die irische Legende« in Salzburg · »Alkestiade« und »Ashmedai« · Brief von Josef Tal

»Nicht nur Salome und Elektra«, das bedeutet auch, dass Sie nicht bei Richard Strauss stehen geblieben sind. Von Arnold Schönberg bis Josef Tal haben Sie ein breit gefächertes Repertoire gesungen, darunter einige Erst- und Uraufführungen. Vielleicht fangen wir musikgeschichtlich bei Schönberg an. Wie waren Ihre Erfahrungen mit den »Gurreliedern«?

Äußerst positiv. Das ist ein ganz großes, äußerst anspruchsvolles Werk. Die Orchesterbesetzung ist so komplex und so üppig wie die von »Elektra«, und ich fand es wesentlich komplizierter zu lernen; es hat bei mir ziemlich lange gedauert, bis ich die Partie der Tove »in den Hals« bekam. Die Aufführung mit Rafael Kubelik war wunderbar, er war einer von den Vollblutmusikern, von denen man getragen und quasi »musikalisch umarmt« wird. Leider war es nur ein einziges Konzert – und dann später die Aufnahme. Und merkwürdigerweise blieb meine Arie auch optisch erhalten. Es gibt da einen Film über München, so eine Art Einführung für Touristen mit Bildern vom Hofbräuhaus, von der Frauenkirche etc., und ausgerechnet in diesem Film bin ich mit der Arie der Tove dokumentiert.

Als Filmdokument soll es auch Strawinskys »Oedipus Rex« mit Ihnen und Leonard Bernstein geben.

Danach suche ich schon seit Jahren, aber bisher ohne Erfolg. Es war eine TV-Produktion für CBS oder NBC.

Wie war die Arbeit mit Bernstein?

Der persönliche Kontakt zu ihm war sehr gut, und wir waren auch musikalisch auf einer Linie. Es war meine erste Begegnung mit ihm, und ich weiß noch, dass ich meiner Mutter schrieb: »Das wird ein ganz Großer!« Dabei war er das zu diesem Zeitpunkt schon längst!

Das war 1961, die Produktion fand während der Probenzeit zur »Elektra« in New York statt.

Wieder als Lady Macbeth, doch diesmal in der Oper von Ernest Bloch (mit Nicola Rossi-Lemeni als Macbeth, Genf 1968)

Genau, und zu dieser Zeit war Bernstein schon längst ein Star. Aber davon wussten wir noch nichts in Europa. Bis er in Wien Furore machte, dauerte es ja noch ein paar Jahre. Und mit ihm war es wie mit Karajan: Wir hätten gern öfters miteinander gearbeitet, aber es sollte nicht dazu kommen.

Sie gehören wahrscheinlich zu den wenigen Sängerinnen, die drei Varianten der Lady Macbeth gesungen haben: Verdi, Bloch und Schostakowitsch.

Naja, streng genommen waren es nur Verdi und Bloch. Denn Schostakowitschs Oper habe ich ja nicht in der ursprünglichen Version gesungen, die »Lady Macbeth von Mzensk« heißt. Sowohl an der Scala wie auch in Wien spielten sie die spätere Fassung, »Katerina Ismailova«. Und eigentlich haben Handlung und Figuren nichts mit Shakespeares Drama zu tun.

Hingegen ist es bei Verdi und Bloch dieselbe Figur. Der Shakespeare-Text ist in beiden Versionen weitgehend gleich – doch wie verschieden die musikalische Ausführung! Ich erinnere mich noch, wie sehr ich mich »gespalten« fühlte: Die vertrauten Verdi-Klänge schwangen förmlich in mir mit, als ich mich mit der Bloch'schen Version vertraut machte.

Und wie waren Ihre Erfahrungen mit »Katerina Ismailova«?

Es war eine große Herausforderung, diese Partie, die in erster Linie vom Wort her kommt, in italienischer Sprache zu singen. Doch bei aller Mühe, die ich mir mit der Artikulation des Textes gegeben habe, ist es mir nicht gelungen, bis zu den letzten Feinheiten des Textes vorzudringen – was mich als singende Schauspielerin, die ich öfters genannt wurde, natürlich betrübte. Vor diesem Hintergrund verstehe ich sehr gut, wie all den deutschen Schauspielern zumute war, die während der Nazizeit emigrieren mussten und die dann in einem fremden Land und in einer fremden Sprache nicht mehr ihre einstige Größe erreichten.

Als ich die Katerina dann in Wien auf Deutsch sang, ist der Funke übergesprungen: Da konnte ich mich ganz der Rolle hingeben, und das Publikum ist mitgegangen.

Welche Erinnerungen haben Sie an Orffs »Antigone«?

Nicht so gute. Die Partie ist sehr hoch, und man muss die Stimme oft rasch ins Piano und Parlando zurücknehmen. In beidem war ich nicht so geschickt, und darum habe ich mich beim Singen oft ermüdet. Hinzu kam, dass sowohl Carl Orff wie auch Ferdinand Leitner von einer Akribie waren, die man schon als Erbsenzählerei bezeichnen muss. Si-

Mit den Waffen einer Frau: Als Katerina Ismailova in Schostakowitschs Oper, Wiener Staatsoper 1968

cher war Leitner ein hervorragender Mann, und heute würde sich jedes Haus glücklich schätzen, einen derart versierten Kapellmeister zu haben. Doch als Präzisionsfanatiker war er noch penibler als Böhm, und das will was heißen. Er mochte es überhaupt nicht, wenn man zugunsten des spontanen Miteinander-Musizierens »al fresco« sang – darin war er der Gegenpol zu Mitropoulos.

Zu Orff bin ich ein paar mal nach Dießen am Ammersee hinausgefahren, um mit ihm zu arbeiten – doch von dem Humor, auf den er sich in vielen seiner Werke beruft, konnte ich nicht viel entdecken. Er war eher griesgrämig, und es war sehr schwer, ihn zufrieden zu stellen. Er hatte eine ganz bestimmte Klangwirkung im Ohr und ließ nicht locker, bis er sie hörte.

Eine andere Sache war »Gloriana«, das Auftragswerk, das Benjamin Britten 1953 zur Krönung von Elizabeth II. schrieb. Für die amerikanische Erstaufführung, die 1956 in Cincinnati stattfand, engagierte man mich für die Hauptfigur, Elizabeth I. Normalerweise lernte ich meine Stücke nie optisch, sondern immer akustisch, mit einem Korrepetitor. Diesmal war es anders. Ich lernte »Gloriana« im Urlaub, am Strand von Miami. Also nur nach Noten, rein visuell. Und das hätte ich besser nicht tun sollen. Denn obwohl die Aufführung von meinem Mentor Josef Krips dirigiert wurde, kam es zu dem, was ich am allerwenigsten liebe: Ich habe nur Noten und Worte gesungen, ich stand völlig neben der Figur. Dennoch wurde es ein Achtungserfolg, hauptsächlich deshalb, weil man Krips in Cincinnati sehr verehrte.

Die erste Weltpremiere mit Inge Borkh war »Die Irische Legende« von Egk, 1955 bei den Salzburger Festspielen.

Mein Gott, wenn ich daran denke, wie damals noch Uraufführungen wahrgenommen wurden! Die Resonanz in der Presse war derart stark, dass meine Mutter für all die Artikel ein Extra-Album anlegen musste.

Ich kenne das Stück nur vom Mitschnitt dieser Aufführung. War es bühnenwirksam?

Sehr! Das Stück, nach einem Text von William Butler Yeats, handelt ja vom Seelenverkauf, von Menschen, die ihre Seele dem Teufel verkaufen müssen, um in der Hungersnot zu überleben. Meine Partie war die der Gräfin Cathleen, die sich selbst als Tausch für alle verkauften Seelen anbietet und mit ihrer Opferbereitschaft den Handel außer Kraft setzt. Egk hat sich bei seiner Komposition sehr am Text orientiert, seine Musik ist dramatisch und eindringlich. Merkwürdig, dass diese Oper fast in Vergessenheit geraten ist.

Im Kampf um verkaufte Seelen: Inge Borkh als Cathleen in der Uraufführung von Werner Egks Oper »Die Irische Legende« (Salzburger Festspiele 1955)

Die Aufführung war auch beim Publikum ein großer Erfolg. Oscar Fritz Schuh inszenierte, George Szell dirigierte, und mein Gegenspieler – in der Partie des Tigers, eines Gesandten des Teufels – war der junge Walter Berry. Mit dabei waren noch Margarete Klose, meine oftmalige Klytämnestra und Herodias, sowie zwei alte Freunde: Max Lorenz und Laszlo Szemere.

Egk betreute die Aufführung mit großem Engagement, hatte eine feste Vorstellung vom Klang. Darüber kam es oft zum Streit mit George Szell, der es anders haben wollte als der Komponist.

Zum Thema »George Szell« schreibt Rudolf Bing in seinen Memoiren: »Ich erinnere mich, dass jemand zu mir sagte: ›George Szell ist sein eigener ärgster Feind‹, und ich erwiderte: ›Nicht, so lange ich lebe!‹«

Herrlich! Ja, Szell konnte ziemlich unangenehm sein. Die Machtkämpfe, denen man an manchen Probentagen ausgesetzt war, waren teilweise nervenaufreibend. Dass diese Weltpremiere dann trotzdem ein großer Festspielabend wurde, verdankten wir nicht zuletzt dem Regisseur Oscar Fritz Schuh, einem großen Könner seines Metiers.

Und wie fühlten Sie sich, als Sie nach 14 Jahren nach Salzburg zurückkehrten?

Erste Begegnung mit elektronischer Musik: Inge Borkh als Königin in der Uraufführung von Josef Tals Oper »Ashmedai« (Hamburgische Staatsoper 1971)

Wunderbar! Als Siegerin. 1941, als man mir in letzter Minute das Konzert wieder wegnahm, hatte ich mir geschworen: »Wartet nur, ich werde wiederkommen! Und zwar durch den Künstlereingang!« Dass das tatsächlich wahr wurde, erfüllte mich natürlich mit unbändiger Freude.

Vielleicht noch bedeutender war Ihre nächste Uraufführung, »Alkestiade« von Louise Talma in Frankfurt. Das Stück basiert auf dem gleichnamigen Schauspiel von Thornton Wilder. War er mit der »Vertonung« seines Werkes einverstanden?

Mehr als das. Ich hatte den Eindruck, dass er spürte, dass die Wiederbelebung der Alkestis-Sage eine Überhöhung durch Musik geradezu erforderte. Wilder und Louise Talma arbeiteten eng zusammen an diesem Stück, beide waren auch während der Probenzeit in Frankfurt dabei. Talma, die offenbar stark von Strawinsky und Bartók inspiriert war, drückte sich in einer musikalischen Sprache aus, zu der wir schnell einen Zugang fanden.

Dennoch denke ich, dass es in erster Linie ein Stück von Wilder ist – vielleicht auch, weil die darstellerischen Aufgaben äußerst reizvoll sind. Wilder hat den Akzent von der uneingeschränkten Gattenliebe etwas verlagert, hin zu der Aussage: Das größte Elend unseres Daseins ist das Nicht-Wissen um den Sinn des Lebens. Und der Sinn des Lebens ergibt sich aus der Erkenntnis, dass die Liebe stärker ist als der Tod. Und aus dem, was wir aus Liebe opfern.

Was sich, wenn ich Ihre religionsphilosophischen Vorträge richtig verstanden habe, durchaus mit Ihrer Auffassung deckt.

Ja, und deshalb ist mir von den Werken, die ich mit aus der Taufe gehoben habe, »Alkestiade« innerlich am nächsten geblieben.

»Mit Tal über den Berg gekommen« lautet eine Schlagzeile zur Premiere der Oper »Ashmedai« des deutschen Komponisten Josef Tal, der 1934 nach Palästina auswanderte. Zunächst: Wer oder was ist »Ashmedai«, wovon handelt das Stück?

Es geht um die alte talmudische Legende vom Dämon Ashmedai, der die Gestalt des friedfertigen Königs annimmt, um das Volk, das bisher in Frieden und Eintracht lebte, innerhalb kurzer Zeit in eine Horde von Kriegern und Mördern zu verwandeln. Dass es dazu kommt, ist auf die unangemessene Toleranz und Gutmütigkeit des Königs zurückzuführen. Absolut sicher, dass sein Volk den Versuchungen des Teufels trotzt, geht er auf die Wette Ashmedais ein, überlässt ihm das Volk und besiegelt so sein eigenes Ende. Als er nämlich wieder sein Amt ausübt und den Krieg verweigert, wird er hingerichtet – auf Veranlassung seines machtlüsternen Sohnes und »im Namen des Volkes«. Im Gegensatz zur »Irischen Legende« siegt also diesmal die Macht des Bösen.

»Ashmedai« war die neunzehnte Uraufführung in der Ära von Rolf Liebermann in Hamburg. Er bezeichnete das Werk als »eine der wichtigsten Opern-Neuschöpfungen« seit dem Zweiten Weltkrieg. »Ich bin gerade bei diesem Werk fast ganz sicher, dass es sich durchsetzen wird«, sagte er in einem Interview. Konnten Sie das damals nachvollziehen?

Nur zum Teil. Denn ob ein Werk bedeutend ist und ob es sich »durchsetzt« (also beim Publikum ankommt), das sind ja ganz verschiedene Dinge. Dass es sich »durchgesetzt« hat, kann man nicht behaupten. Aber ich denke, dass es künstlerisch bedeutend ist, schon wegen des wohl zeitlos aktuellen Stoffes. Musikalisch war »Ashmedai« das Modernste, was ich jemals gesungen habe. Es war meine erste Auseinandersetzung mit elektronischer Musik. Die Gesangspartien sind zum größten Teil Sprechgesang, also konnte ich einmal mehr vom Wort und vom Darstellerischen her gestalten. Meine Partie war die ungeliebte, frustrierte Frau des Königs, die an der Seite des Teufels ein kurzes Glück findet. Josef Tal war von meiner Verkörperung sehr angetan. Nach der Premiere schrieb er mir diesen Brief:

Jerusalem, 4.12.1971

Sehr verehrte, liebe Inge Borkh,
wir sind inzwischen wohlbehalten zu Hause gelandet, und täglich bringt die Post neue Kritiken aus aller Welt. Ich bin mit Pola von Jerusalem zum Toten Meer heruntergefahren, und nun sitzen wir am Ufer und bräunen uns unter strahlend blauem Himmel. In diesem von Gott geschaffenen Bühnenbild schreibe ich nun endlich, was mein Herz schon lange mit sich herumträgt. So wie Sie in Ihrer Rolle der Königin die feinsten und geheimsten Regungen einer letztlich unglücklichen Seele aufgespürt haben, so werden Sie zwischen den Zeilen entdecken, was ich wirklich empfinde. ...
Ich habe in meinem Leben mit zahllosen Sängern gearbeitet, doch solch ein tief aufrüttelndes Erlebnis habe ich noch nie gehabt. Singen, Spielen und Tanzen – alles in gleicher Perfektion und alles mit überschäumendem Reichtum an Phantasie und geformter Erfindung – an einem solchen Phänomen teilhaben zu dürfen, das sind Sternstunden des Lebens, für die man dem Schöpfer nur still und leise danken kann.
Mich hat das natürlich mächtig angespornt zu neuen Abenteuern. Sollte mir etwas Brauchbares gelingen, so sollen Sie wissen, dass Sie in solcher Arbeit kreisen und wirken.

Diesen Brief lege ich Ihnen zu Füßen. Sie mögen ihn beachten oder aber zu den vielen anderen Ihrer Korrespondenz legen – für mich ist er ein aufgehender Vorhang mit den Erwartungen neuen Geschehens.
Ich grüße Sie und Ihren Gatten in größter Verehrung
Stets Ihr Josef Tal

Kam es noch »zu neuen Abenteuern«?

Nicht von meiner Seite. Tal wollte eine große Freiheitsoper schreiben; das Thema war der Kampf der Juden um den Berg Massada. Ich sollte die weibliche Hauptrolle singen – auf hebräisch und noch dazu in Jerusalem. Mit der Sprache hätte ich mich sicher arrangieren können – aber nicht mit dem Ort der Aufführung. Ich hatte einfach Angst, in einer Freiheitsoper zu singen, in einer Zeit, in der für Israel Freiheit etwas war, das man erkämpfen musste. Die Oper wurde dann mit einheimischen Kräften gegeben, was der Aufführung auch politische Bedeutung verlieh. Ich wäre in diesem brisanten Geschehen bestimmt nicht am rechten Platz gewesen. Aber dass ich Josef Tal enttäuschen musste mit meiner Absage, schmerzt mich bis heute. Denn die Begegnung mit ihm und seiner wunderbaren Einstellung – dass es einen Weg geben muss zum Verständnis von Mensch zu Mensch – war für mich vorbildlich.

Es steckt schon eine kleine Tragik dahinter: 1933 durfte ich keine Deutsche mehr sein, und nach dem Krieg wollte ich keine mehr sein. Aber ich hätte genau so wenig eine Jüdin sein können, man hätte mich nicht akzeptiert. In dieser Heimatlosigkeit, die uns die Nazis aufgezwungen hatten, sehe ich so etwas wie einen roten Faden, der sich durch mein Leben zieht. Das Loslassen eines Standpunktes, die gänzliche Hingabe, mich in einen anderen Menschen zu verwandeln, die Treulosigkeit des Vergessens – das waren die Bausteine meiner Persönlichkeit, die sich niemals so hätte entwickeln können, wenn mein Leben so ruhig und sorglos weitergegangen wäre, wie es anfangs schien.

Nach der Oper

Zu früh aufgehört? · Kleinkunst · Gesungene Memoiren · Zurück zum Schauspiel? · Unterricht · Reisen

Im März 1973, nach einer Serie von »Elektra«-Vorstellungen in Palermo, sagten Sie der Oper Adieu. Es war zwar keine kurze Karriere – immerhin hatten sie schon 33 Opernjahre hinter sich – aber war es nicht einige Jahre zu früh?

Das bin ich seitdem immer wieder gefragt worden. »Andere singen mit Mitte sechzig noch Sieglinde und Tosca, wieso haben Sie so früh aufgehört?« Der Grund war ganz einfach der, dass ich bei exponierten Tönen – etwa den Cs der Elektra – erstmals Mühe verspürte. Ich meine, ich hatte bis dato nie über einzelne Töne nachdenken müssen, ich hatte in all den Jahren auch nie eine Stimmkrise durchleben müssen (wie so viele Kolleginnen), insofern war ich vollkommen verwöhnt. Die Stimme lief, ohne dass ich dafür wer weiß wie arbeiten musste. Umso härter war es dann für mich, als sie dann nicht mehr so selbstverständlich lief. Kurz nach meiner Ankunft in Palermo schrieb ich folgenden Eintrag ins Tagebuch:

> Ich weiß, dass ich meine Sängerlaufbahn beenden muss. Wie eine Vorahnung erschien mir der Sturm auf der Überfahrt von Neapel nach Palermo. Eine Nacht, an die ich auch noch nach zwanzig Jahren mit Schaudern denken werde. Wir dachten ans Untergehen und ans Sterben, aber schließlich gelangten wir doch an Land. Niemand empfing uns, im Hotel wusste man nichts von uns, es läge keine Reservierung vor. Wir standen im Morgengrauen auf menschenleerer Straße. So fällt der Abschied leicht. Ich freue mich aufs Privatleben.

Ich sang noch siebenmal die Elektra. Am Pult stand Wolfgang Rennert, der Bruder von Günther. Er erleichterte mir einige exponierte Passagen, die mir erstmals Schwierigkeiten machten. Vor der letzten Vorstellung schrieb ich meiner Mutter:

> Ich bin gut bei Stimme gewesen. Aber mein Entschluss steht fest. Ich sage Adieu, dankbar für alles, was war. Das Gefühl, noch einmal aufzutreten

und dann etwas ganz Neues anzufangen, kann ich nicht beschreiben. Ich bin glücklich, weil mir diese Art des Abschieds abgerundet erscheint.

Und wie sehen Sie das Ende Ihrer Opern-Karriere heute, mit 33 Jahren Abstand?

Differenzierter. Subjektiv war es wohl der richtige Entschluss. Objektiv gesehen, hätte es sicher noch einige Partien für mich gegeben. Vor allem die Küsterin in »Jenufa«. Die Janá ek-Renaissance fing ja damals gerade an, und ich bin ziemlich sicher, dass mir die Küsterin gut gelegen hätte. Später, während meiner Zeit als Diseuse, hätte ich gern mal eine Musical-Rolle gespielt, zum Beispiel die Gräfin im »Lächeln einer Sommernacht«. Ja nun – »hätte«! Ich bin kein Freund davon, im Rückblick bestimmte Entscheidungen zu bedauern. Es war bestimmt ein Fehler, dass wir von München weggezogen sind, und vielleicht war es auch ein Fehler, dass ich mich nicht darum gekümmert habe, mit zunehmendem Alter mein Repertoire etwas zu verlagern. Aber das weiß ich *heute*. Damals dachte ich anders und habe mich dementsprechend entschieden. Wie sagte Oscar Wilde? »Seine eigenen Erfahrungen bedauern heißt seine eigene Entwicklung hemmen. In jedem einzelnen Moment seines Lebens ist man das, was man sein wird, nicht minder als das, was man gewesen ist. Die Sorge nimmt dem Morgen nichts von seiner Schwere. Sie raubt nur dem Heute seine Kraft.«

Letzte Elektra: Palermo 1973

Gab es denn keinen Agenten oder Intendanten, der Ihnen eine Küsterin oder andere Charakterpartien angeboten hat?

Nein. Und ich war damals zu stolz oder zu verwöhnt, um danach zu fragen. Ich hatte das Glück, dass ich mich nie anbiedern musste. Bis auf kleine Zwischenfälle lief doch alles fast von selbst bei mir – und als ich dann keine Angebote mehr bekam, nahm ich es als Zeichen, dass meine Zeit als Opernsängerin abgelaufen war.

War die Zeit danach nicht sehr hart für Sie?

Nicht einen Moment. Denn erstens hatte ich mich auf diese Zeit gut vorbereitet und zweitens konnte ich endlich so viele Dinge tun, für die ich als Sängerin viel zu wenig Zeit hatte: Lesen, Schreiben, Wandern, Reisen (aber eben nicht Berufs-Reisen!) und Musizieren. Ich habe es unendlich genossen, mit meiner Mutter und mit Freunden vierhändig Klavier zu spielen. Auf diesem Weg habe ich auch zur Musik von Bach gefunden, durch eine Freundin in München.

Noch heute spiele ich regelmäßig mit einem Freund im Augustinum. Wir wagen uns an die schwierigsten Sachen heran, zum Beispiel an »Scaramouche« von Milhaud. Da hauen wir richtig in die Tasten, lachen vor Freude und sagen: »Und das im Altenheim!«

Zwei Jahre nach dem Farewell wurden Sie rückfällig: Zur Eröffnung des neuen Stadttheaters in Basel gaben Sie ein Rezital mit Liedern von Brecht. Das war der Beginn der dritten Karriere: Inge Borkh als Diseuse. Wie heißt doch der Titel Ihrer Memoiren: »Ich komm vom Theater nicht los« ...

Vielleicht wusste ich das schon unterschwellig. Aber es war zu diesem Zeitpunkt keineswegs so, dass ich die Bühne vermisste. Was viel mehr den Ausschlag gab, war die Tatsache, dass ich noch viel zu aktiv war, um mich auf ein bequemes ruhiges Leben einzustellen. Es brodelte noch in mir, ich musste etwas Kreatives zu tun, egal was. Da kam mir das Angebot des Lyceumclubs, in Basel einen Brecht-Abend zu geben, gerade recht. Mit der Hilfe meines Freundes Harry Buckwitz, der ja einer der kompetentesten Brecht-Kenner war, wurde der Abend ein Erfolg. Hans Hollmann, damals Intendant in Basel, hörte davon und engagierte mich für die Eröffnung des neuen Stadttheaters. Ich hatte ein Jahr Zeit, ein Programm auszuarbeiten. In Werner Kruse, den ich noch von meinen Anfangsjahren in Luzern kannte und der viele Jahre Hauskomponist des berühmten Cabaret Cornichon in Zürich war, fand ich einen hilfreichen Partner, der mir auch über manche Phase des Zweifelns hinweghalf. Im Oktober 1975 war es dann so weit. Nach der Premiere schrieb mir Hollmann: »Inge Borkh,

Sie waren ein Hit. Ich war stolz auf mich, dass wir Sie engagiert haben. Wir sollten bald wieder etwas Ähnliches machen.« So fing das Ganze an. Richtig ins Rollen kam die Sache, als mir Emil Steinberger, der grandiose Schweizer Kabarettist, für eine Woche sein Theater in Luzern zur Verfügung stellte, weil ihm mein Programm so gut gefiel. So entstand mein erster Chansonabend »Kein Opernabend mit Inge Borkh«.

Das Metier Chanson war Ihnen ja fast in die Wiege gelegt worden, durch das »Kabarett Engelein« in Ihrem Elternhaus. Somit war es ein »Back to the roots«. Wie aber ging das stimmlich? Kann man als ausgebildete Opernsängerin zurück zur Naturstimme?

Aber ja, wenn man einmal die Atemtechnik entwickelt hat, ist das überhaupt kein Problem. Es ist eher die Frage, ob man den richtigen Ton für den jeweiligen Stil findet. Einmal mehr war ich Harry Buckwitz sehr dankbar: Als ich den Brecht-Abend vorbereitete, hat er mich richtig in die Mangel genommen. Und er verstand von dieser Art Sprechgesang ja viel mehr als ich.

Ihr zweites Programm »Inge Borkh singt ihre Memoiren« war ganz auf Ihre Vita ausgerichtet: Keine Kollektion bekannter Chansons, sondern neue, für Sie komponierte Stücke.

Ich fand, zu einem neuen Chansonabend gehören auch neue Lieder. Zuerst vertonte Werner Kruse einige Gedichte für mich. Bei Gerhard

»Inge Borkh singt ihre Memoiren«. Kabarettprogramm 1976

Bronner, den meine Mutter so verehrte, kaufte ich weitere Chansons ein. Sascha sagte damals: »Wenn du das Geld für die Chansons wieder eingespielt hast, dann hörst du auf.« Daran habe ich mich auch gehalten. Ihm missfiel die Reiserei, er hatte sich auf einen ruhigen Lebensabend eingestellt. Gleichzeitig war er stolz auf mich, dass ich auch in diesem Metier erfolgreich war. Ich habe den Eindruck, dass nirgendwann so gut über mich geschrieben wurde wie in meiner Zeit als Diseuse. Die Befürchtung, dass sie sagen »Was soll eine Opernsängerin auf dem Brettl?!«, erwies sich als völlig unbegründet. Mein »Comeback« wurde auch im Ausland registriert. In der einzigen deutschen Zeitung Jerusalems stand zu lesen, ich solle doch mit meinem Programm nach Israel kommen.

Wird das Chanson »Heldenmutter« nur ein Hobby sein für die dilettierende Heroine? Oder wird Inge Borkh an neuen Ufern die Größe erreichen, die sie an alten verlassenen hatte? Und dann kam sie, rank und schlank im eleganten Hosenanzug, mit ihrem herben, ungeheuer ausdrucksreichen Gesicht, mit der wilden Mähne und fing zu erzählen an. Und schon nach dem ersten Chanson durfte man alle Ängste begraben: Da lässt nicht eine stimmlich reduzierte Salome die Öffentlichkeit an einer privaten Liebhaberei teilhaben, sondern eine unvergleichliche Künstlerin zeigt die hohe Kunst des Chansons.
Vielleicht das Aufregendste: In nur wenigen Augenblicken gedenkt man der Frau Kammersängerin – etwa in »Abschiedskonzert« –, obwohl sich Inge Borkh von allen neuen »Kolleginnen« wie etwa Milva oder Margot Werner oder Hildegard Knef zweifellos unterscheidet: Sie hat Stimme ...
Und wo andere das Mikrophon schon fast verschlucken, um sich hörbar zu machen, genügt schon ein Mezzoforte, eine winzige Anhebung der Dynamik in der Diktion. Es klingt nie nach Oper, nach Kantilene – aber Stimmtechnik, Volumen, Farbe, Ausdrucksvariabilität, die Kunst des Gestaltens in Tönen, die Fähigkeit eine Rolle zu leben: Das kommt nun verwandelt dem Chanson zugute. Inge Borkh hat die Grellheit und das Lockende, den Witz und den Ernst, sie kann die verschiedensten Personen plastisch vorstellen (...), ihr Sprachbogen spannt sich weit und farbig, kein Seelenvorgang, keine Bewusstseinslage, für die sie nicht den richtigen Ton fände, sie hat Emphase und Hohn, Emotion und Distance, ist so intensiv bei diesen Schicksalen »en miniature« wie einst bei Elektras ekstatischem Totentanz. Inge Borkh ist auch hier die Künstlerin, die wie eine Kerze an zwei Enden brennt und sich verzehrt, man spürt, wie ernst sie das heitere Genre nimmt, um es leicht servieren zu können.
Es war hinreißend. Bitte wiederkommen. Mit Brecht.
Klaus Adam, Oper und Konzert, Juni 1977

Und wie haben Ihre Fans auf die Chansonabende reagiert?

Die meisten fanden es gut. Aber es gab auch öfters die Frage: »Ist der Wechsel zur Kleinkunst nicht ein Abstieg, wenn man von der großen Kunst her kommt?« Das hat mich u. a. eine Leserin der Zeitschrift »Bewusster Leben« gefragt, und ich habe ihr Folgendes geantwortet:

> Wer meine Artikel in »Bewusster Leben« gelesen hat, weiß, dass ich der Kunst eine wegweisende Bedeutung für alle Menschen zumesse, weil *sie* es ist, die uns vor der geistigen Verarmung schützt. Ich meine aber die Kunst in *allen* ihren Spielarten und Ausdrucksformen. (...)
> Es gibt keine Wertminderungen zwischen Kunstgattungen, solange der Künstler mit seiner ganzen Ausdrucksfähigkeit und engagierten Ausstrahlung zu seinem Werk steht und es versteht, Menschen zu erfreuen, zu bereichern, zu erschüttern und zuweilen zu beglücken.

Bald meldete sich auch wieder das Schauspiel ...

Vorerst in Form des Monodramas »Das Telegramm« von Aldo Nicolai. Das war ein Extra-Teil in meinem zweiten Chansonprogramm. Regie führte Leopold Lindtberg, den ich schon bei der Uraufführung von »Ashmedai« als großen Könner schätzen gelernt hatte. Im gleichen Jahr, 1977, bot mir Hans Hollmann an, nach dem Tod von Elisabeth Flickenschildt die Partie der Volumnia in seiner Inszenierung von Shakespeares »Coriolan« am Thalia-Theater zu übernehmen. Ich sagte mit Freuden zu, zumal Boy Gobert die Titelrolle spielte. Gobert war sehr angetan, wollte mich mitnehmen ans Schiller-Theater. »Komm mit nach Berlin«, sagte er, »ich mach was aus dir.«

Aber da schob Sascha einen Riegel vor: »Das machst du nicht! Wenn das schief geht ...« Vielleicht war es auch besser, dass ich es gelassen habe. Denn kurz darauf ist Gobert gestorben, und wer weiß, was aus mir geworden wäre,

Theater im Kabarett-Programm: Inge Borkh und »Das Telegramm«

Der Kreis schließt sich: Als Volumnia in Shakespeares »Coriolan« mit Boy Gobert in der Titelrolle (Thalia-Theater Hamburg 1977).

wenn ich ohne seine Unterstützung in Berlin den neuen Weg gesucht hätte. Sicher, es haben einige Sänger auch als Schauspieler Karriere gemacht, die Sandrock, der Slezak, die Ljuba – aber das sind halt Ausnahmen, und ich hatte nicht das Gefühl, dass ich es ohne einen Mentor wie Gobert geschafft hätte.

Ab Beginn der 1980er Jahre konzentrierten Sie sich auf eine andere Tätigkeit: Nachwuchsförderung und Unterricht.

Ja, aber keinen Gesangsunterricht! Für Stimmbildung war ich gewiss nicht die Richtige, wohl aber für dramatischen Unterricht. Denn mir ging es ja immer um die Verbindung von Singen und Darstellen. Ich konnte den Studenten nicht zeigen, wie man das Gaumensegel hebt; aber ich denke, dass ich ihnen die Grundlagen der Körpersprache beibringen konnte. In diesem Sinne habe ich am Basler Konservatorium ein paar Semester mit Anfängern gearbeitet. Später holte mich August Everding in seine Münchner Singschule. Meine Bühnenerfahrungen weiterzugeben, hat mir große Freude gemacht. Was ich zu vermitteln versuchte, war für die meisten neu. Ein Sänger muss eine Stimme haben, das ist klar. Aber dass vieles andere dazukommen muss, bis man sich wirklich Künstler nennen darf, das war für die Schüler Neuland. Und dieses innere Feuer zu entwickeln, sich in eine Rolle hineinzuwerfen, ganz zu vergessen, dass man Sänger ist – das kann man jemandem nur bis zu einem bestimmten Grad beibringen.

Waren Sie nicht auch Lehrerin am Mozarteum in Salzburg?

Nur kurze Zeit als Gast. Mit meinem »dramatischen Unterricht« hatte ich dort kaum eine Chance. Die Gesangsprofessoren dort fürchteten, dass ich da vielleicht etwas kaputt machen könnte, was sie in mühevoller Kleinarbeit aufgebaut hatten. Also wurden mir Steine in den Weg gelegt. Dabei war es wirklich nur als Versuchsballon gedacht. Ich hatte überhaupt keine Ambitionen, mich dort als Professorin zu etablieren – schon deshalb nicht, weil ich nie gewagt hätte, für Gesangsschüler Verantwortung zu übernehmen. Nein, es ging mir lediglich darum, bei den Studenten die Verbindung von Fühlen, Singen und Agieren herzustellen.

Ich habe ja etliche Künstler kennen gelernt, die zwischen 80 und 90 sind, aber niemanden, der so oft und gern verreist wie Sie.

Ich bin eine leidenschaftlichere Wanderin, im wörtlichen wie im übertragenen Sinn. Reisen ist die Quelle meiner Lebensenergie. Reisen bedeutet für mich: immer wieder Neues kennen lernen, staunen und sich freuen an all dem Schönen, das sich einem zeigt. Albert Schweitzer meinte:»Es ist eine große Entscheidung, in eigener Verantwortung ins Freie zu gehen.« Ein herrlicher Satz!

Wer reist (und damit meine ich nicht Reisen in die weite Welt), erlebt die Schönheit der Welt als persönliche Bereicherung seines Lebens. Also will ich mit offenen Augen durch die Welt gehen, immer mit der Lust etwas Schönes zu erleben.

Nun fahren Sie ja nicht aufs Geratewohl mit Ihrem Auto los, sondern haben immer ein Ziel: zwei Tage Zürich, eine Woche in Wien usw. Nach welchen Kriterien planen Sie Ihre Reisen?

Hauptsächlich nach Konzertterminen. Die meisten meiner Reisen sind Musikreisen, ich reise gern zu den Konzerten meiner Lieblingskünstler (dazu zählen Mariss Jansons, Valery Gergiev, Ewgeni Kissin und Maxim Vengerov) und mache mir aus jeder Reise ein kleines Fest. Und wenn ich dann im Konzert sitze und etwas höre, dass mich im Innern trifft und zu Tränen rührt – diese Momente möchte ich einfach nicht missen. Vielleicht ist das der Motor, der mich antreibt.

Kunst und Leben

Hören und Zuhören · Freundschaft · Meditationskurs · Humor · Schreiben und Lesen · Religiosität · Künstler und Mensch-Sein · »Ein Luxus, der Not tut« · Leeres Virtuosentum · Verwandlung · Baumeister des eigenen Lebens

»Schweigen und Tanzen!« Wenn man analog zu diesen letzten Worten der Elektra das Wesentliche im Leben von Inge Borkh hervorheben müsste, würde ich sagen: Singen, Spielen, Lesen, Schreiben und Sprechen.

Einverstanden. Aber etwas fehlt: das Hören. Damit meine ich nicht nur das Hören von Musik, sondern auch das Zuhören. Zuhören können ist eine ganz essenzielle Eigenschaft eines jeden Künstlers. Es gibt nichts Langweiligeres auf der Bühne, wie wenn ein Darsteller nicht zuhört, sondern nur rumsteht und auf seinen nächsten Einsatz wartet.

Und auch im Leben ist Zuhören für mich ein wesentlicher Bestandteil der Kommunikation. Sich ganz auf den Gesprächspartner einzustellen und ihm zuzuhören, ist für meine Begriffe weit mehr als ein Akt der Höflichkeit; es ist Voraussetzung für den Austausch und die Vertiefung von Gedanken, insofern auch die Basis jeder Freundschaft.

Welchen Stellenwert haben Freundschaften in Ihrem Leben?

Einen ganz hohen. Ich hätte vielleicht ohne einen Partner leben können, doch niemals ohne Freunde. Der Austausch von Erfahrungen, das Lernen voneinander, das Sich-Auseinandersetzen mit anderen Lebenshaltungen und Meinungen, der Dialog mit Menschen, die mich verstehen – das alles hat mein Leben unendlich bereichert. Was heißt »bereichert«? Der Dialog ist für mich so notwendig wie Essen und Trinken. Deshalb fand ich auch die Idee so gut, dieses Buch in Dialog-Form zu machen.

In diesem Kontext finde ich es erstaunlich, dass Sie mal bei einem Meditationskurs waren, wo Sie eine ganze Woche mit anderen Menschen zusammen waren, ohne ein einziges Wort zu reden.

Prinzipiell ist es gar nicht schlecht, sich einmal selbst kennen zu lernen, indem man sich für eine Weile in die absolute Stille zurückzieht und in sich hineinhört.

Ja, dieser Kurs war schon eine besondere Erfahrung – und eine Lehre fürs Leben. Ich bin da mitten im Winter hingefahren, zuerst mit dem Schlitten, weil wir oben am Berg total eingeschneit waren, dann weiter mit der Bahn und zuletzt mit dem Bus. Das Haus, in dem der Kurs stattfand, lag fern von allem Weltlichen. Unser Guru begrüßte uns und erklärte uns den Sinn der Übung: Es galt, sich von allen störenden Gedanken frei zu machen, in sich zu gehen, zu seinem Selbst zu finden. Sechs Tage meditierten wir auf diese Weise, ruhig atmend und in kerzengerader Haltung, unterbrochen nur von Essens- und Schlafenszeiten. Die Geräusche von Messer und Gabel, ein Husten oder Niesen erschienen uns wie Donnerschläge und wurden mit erschreckten bis strafenden Blicken quittiert. Und Geräusche, die wir normalerweise überhören (etwa wenn im Nachbarzimmer die Klospülung geht), bekamen plötzlich eine derart enorme Bedeutung, dass wir nur mühsam das Lachen unterdrücken konnten.

Am sechsten Tag wurden wir plötzlich aus der Meditationsstille gerissen: Unser Guru kam aufregt auf uns zu und sagte, dass Diebe im Hause seien, Bargeld und persönliche Gegenstände seien gestohlen worden. Die Nachricht traf uns wie ein Blitz. Aufregt stürzten wir nach oben, purzelten auf den Treppen buchstäblich durcheinander, rissen die Türen auf und starrten auf das Durcheinander in unseren Zimmern. Manche waren bestohlen worden, andere waren so vorsichtig gewesen, ihre Sachen wegzuschließen.

Am Morgen des siebten Tages, als fast alle wieder abgefahren waren, betrat ich leise das Zimmer unseres Gurus, um mich von ihm zu verabschieden. Er saß kerzengerade auf seinem Stuhl, lächelte mich an, reichte mir einen Brief und sagte: »Wenn Sie noch hier sind, brauche ich diesen Brief ja nicht mit der Post zu schicken. Aber öffnen Sie ihn erst daheim.«

Kaum dass ich draußen war, öffnete ich den Umschlag – und las: »Du hast versagt! Es gab keinen Dieb im Haus. Das vermeintlich gestohlene Geld wird dir nachgesandt. Meditiere über das Versagen deiner Meditation.«

Was bedeutet Ihnen Humor?

Etwas ganz Wesentliches! Ich denke, dass Heiterkeit und Gelassenheit die schönsten Früchte vom Baum der Erkenntnis sind. Je älter man wird, desto mehr sollte man gelernt haben, die Dinge, die einem widerfahren, mit Humor zu nehmen. Humor ist ein Quell des inneren Reichtums, das wirksame Mittel gegen Verkümmerung des Geistes. In einem Vortrag habe ich einmal Folgendes geschrieben:

> Humor ist zweckfrei. Aber warum so notwendig für das Leben? Weil er uns lehrt, über den Dingen aller Schwierigkeitsgrade stehen zu können. Weil er uns fähig macht, uns selbst zu belächeln. Wer ihn besitzt, diesen unverlierbaren Schatz, findet sich mit der Unlösbarkeit des Dasein-Rätsels gelassener ab. Überwindung ist also das Ziel, zu dem wir durch Humor gelangen. Man könnte sagen: Nicht der Mensch hat Humor, sondern der Humor hat den Menschen ...

Dem möchte ich noch eines hinzufügen, was ein kluger Kopf – ich glaube, es war Jean Paul – gesagt hat: »Wenn wir nicht mehr lachen können, dann hat die Hölle gesiegt!«

Wenn man all das zusammentragen würde, was Sie in Ihrem Leben geschrieben haben –

– dann hätten wir hier meterhohe Stapel von Papier. Ich bin eine leidenschaftliche Schreiberin, habe in meinem Leben Tausende von Briefen geschrieben, dazu etliche Artikel und Vorträge. Außerdem war ich nach meinem Abschied von der Oper einige Jahre bei der Zeitschrift »Bewusster leben« für die Beantwortung von Leserbriefen zuständig. Das Schreiben hat mich immer gereizt – wahrscheinlich deshalb, weil man im Schreiben seinen Gedanken eine Form geben kann.

In den Briefen, die Sie Ihrer Mutter geschrieben haben, geht es oft um weltanschauliche und religiöse Dinge – sehr ungewöhnlich für eine Korrespondenz zwischen Mutter und Tochter.

Meine Mutter war ein sehr gläubiger Mensch. All ihre Kraft und Hoff-

nung schöpfte sie aus ihrem unerschütterlichen Glauben. Sie war streng katholisch erzogen worden, und in diesem Sinne hat sie auch mich erzogen. Das christliche Denken gab mir eine Zeit lang eine solide Basis, sozusagen ein Urvertrauen, einen Glauben an das Gute in der Welt und im Menschen. Ich bin gern an dieser Hand gegangen, fühlte mich sicher und geborgen. Doch mit zunehmendem Alter wurde mir die Welt des dogmatisch festgelegten Glaubens zu eng, ich musste mich sozusagen geistig von ihr »emanzipieren«, meinen eigenen Weg suchen. Ich fand ihn vor allem durch Pierre Teilhard de Chardin, der sein Leben mutig gegen den Strom eines alleingültigen Glaubens lebte, ohne je seine kirchliche
Verbindung aufzugeben. Seine Philosophie hat meinen Horizont ganz wesentlich erweitert. Meine Mutter hat zwar akzeptiert (vielleicht sogar auch ein bisschen bewundert), dass ich einen anderen Weg gegangen bin, aber sie wollte von den Büchern, die mich so bewegten und mein Leben veränderten, nichts wissen – immer mit dem Argument, dass sie keine Intellektuelle sei wie ich. Aber das war nur vorgeschoben, denke ich. Denn sie war eine gescheite Frau; doch offenbar hatte sie Furcht, sich neuen Erkenntnissen zu öffnen, weil sie wahrscheinlich viel Liebgewonnenes und Festverankertes hätte über Bord werfen müssen. Und das wollte sie nicht.

Wir haben uns aber immer sehr offen ausgesprochen und sind uns durch diese Diskussionen sehr nah geblieben. Dass ich aus der Kirche ausgetreten bin, habe ich ihr allerdings nicht gesagt, das konnte ich ihr nicht antun.

Haben Sie sich auch mit anderen Religionen beschäftigt, dem Buddhismus zum Beispiel?

Ja, eine Zeit lang sogar recht intensiv. Aber ich bin zu der Erkenntnis gekommen, dass es nicht gut ist, wenn man die Basis seiner Überzeugungen verlässt; man wechselt ja nur in ein anderes System, mit Geboten, zu denen man sich wieder neu bekennen müsste. Das Grundproblem liegt immer im Ausschließlichkeitsanspruch. Sobald eine Religion von sich behauptet, die einzig richtige zu sein, ist sie schon auf dem falschen Weg. Überlieferung ist immer das Werk von Menschen und somit Fehlinterpretationen ausgesetzt. Wirkliche Religiosität hat mit Dogmen und Ideologien nichts zu tun; da geht es vielmehr um die Überwindung derselben. Nur setzt dieses wunderbare Ins-Freie-Gehen, von dem Albert Schweitzer sprach, eine Gläubigkeit voraus, die uns unerschütterlich durchs Leben begleitet, einen Glauben an das Geborgen-Sein in Gott, an eine Geborgenheit, aus der wir nie mehr ganz herausfallen können.

Ist Religiosität die Wurzel Ihrer Kreativität, Ihrer Kunst?

Insofern, als ich fest daran glaube, dass jede Begabung, die wir in uns tragen, ein Geschenk ist, mit dem man bewusst und behutsam umgehen sollte. In meinem Fall war das »Geschenk« eine stimmliche und darstellerische Begabung, die mir zugleich die besondere Verantwortung des Künstlers auftrug, nämlich ein Streiter wider die Sinnlosigkeit, ein Kämpfer gegen die Verarmung aller menschlichen Werte zu sein und Freude zu bringen. Deshalb kann man bei Künstlern auch eigentlich nicht zwischen Berufs- und Privatleben trennen. Die Eigenschaften des Künstlers behält man ein Leben lang.

»Kunst ist ein Luxus, der uns Not tut«, haben Sie einmal geschrieben. Und das bezog sich nicht nur auf das Kaputt-Sparen von Theatern und Orchestern.

Das war umfassend gemeint, im Sinne von Goethe, der gesagt hat, dass Kunst ein Element zur Bildung allgemeinen Mensch-Seins ist. Kunst kann und darf kein Luxusartikel für einige Privilegierte sein, sondern sollte integraler Bestandteil im Dasein eines jedes Menschen sein. Sozusagen das tägliche Brot für Geist und Seele. Insofern ist sie ein notwendiger Luxus – gerade heute, im Zeitalter einer grenzenlosen, menschenverachtenden Profitgier.

Kunst ist ja gerade das Gegenteil von solch krassem Kapitalismus; ihr Prinzip ist das Sich-Verschenken und Verströmen. Gleichzeitig ist sie eine Art Seismograph des Zeitgeistes. Wer die Formensprache der Kunst versteht, erfährt am meisten über das geistige Leben einer Epoche – so wie Naturheilkundige das körperliche Leben aus den Augen ihrer Patienten ablesen können.

Aber was muss passieren, damit Kunst wieder den unverzichtbaren Wert im Leben erhält, den sie einmal hatte?

Wie hat Schiller so schön gesagt:

> »Der Menschheit Würde ist in Eure Hand gegeben
> Bewahret sie – sie sinkt mit Euch, mit Euch wird sie sich heben.«

Das möchte man denen zurufen, die über die gesellschaftliche Bedeutung von Kunst entscheiden, ohne sich je liebend und intensiv mit allen Kunstgattungen beschäftigt zu haben.

Woran liegt es, dass Kunst immer mehr zur Ware verkommt?

Sicher auch an der marktschreierischen Reklame, die heute offenbar unvermeidlich ist und die viele Künstler korrumpiert. Kunst ist keine mehr, wenn sie auf ihren Nützlichkeitswert hin überprüft wird. Dann wird sie zum Kunstgewerbe. Was mich derzeit im Musikgeschäft am meisten stört, ist die absolute Überbewertung von leerem Virtuosentum. Wir müssen bald wieder wegkommen von diesem schrecklichen Perfektionismus. Kunst kann doch nur dann zutiefst berühren, wenn wir mitmenschlich angesprochen werden, wenn wir glauben dürfen, dass das, was uns der Künstler vermittelt, nicht allein durch Kunstfertigkeit geschieht. Nur-Virtuosentum kann uns in Erstaunen versetzen, lässt uns aber meistens ungerührt zurück.

Auf dem Plattenmarkt hat sich das Blatt schon längst gewendet: Diese sterilen Aufnahmen, wo alles »perfekt« ist, die will doch kaum noch jemand. Live-Mitschnitte mit all ihren Unzulänglichkeiten und Fehlern sind immer mehr gefragt.

Dafür haben wir die »Studio-Perfektion« jetzt im Konzertsaal. Und das langweilt mich ohne Ende. Wenn ich im Konzert sitze, möchte ich spüren, dass da jemand etwas riskiert, an beiden Enden brennt – und dann spielt es für mich überhaupt keine Rolle, wenn mal ein Ton daneben geht.

Was lesen Sie, wenn Sie sich nicht gerade mit religiösen oder philosophischen Fragen beschäftigen?

Immer wieder lese ich die »Kulturgeschichte der Neuzeit« von Egon Friedell. Das ist ein Buch, das ich mit auf die einsame Insel nehmen würde. Ansonsten lese ich vorwiegend Biographien. Mich interessiert es immer, was Menschen aus ihrem Leben gemacht haben und wie sie mit ihrem Leben fertig geworden sind.

»Verwandlung« scheint in Ihrem Leben ein Schlüsselbegriff zu sein, jedenfalls taucht er in Ihren Briefen immer wieder auf.

»Wie schaffst du die Verwandlung?«, heißt es in der »Ariadne« von Hugo von Hofmannsthal. Ja, das ist für mich ein zentrales Thema: Die ständige Verwandlung. Von einem Darsteller wird sie ja erwartet. Verwandlung ist seine allererste Aufgabe, das Hineinschlüpfen in eine andere Figur. Und das ist, was ich als »Außer-sich-Sein« bezeichne. Um diese Möglichkeit werden wir von vielen Menschen beneidet. Es ist offenbar ein urmenschliches Bedürfnis, vielleicht sogar ein Urtrieb. Ich bin überzeugt: Wenn wir uns nicht mehr verwandeln, sagen wir dem Leben Ade, bevor es zu Ende ist.

Dem könnte man ein weit verbreitetes Wort von Shakespeare entgegen halten: »Always be true to yourself.«

Das ist kein Widerspruch. Denn Verwandlung heißt ja nicht Mimikry, Anpassung oder Opportunismus. Sondern es bezeichnet einen aus der Lebenserfahrung gewonnenen Reifeprozess. Und man kann sich sehr wohl verwandeln, ohne sich je untreu zu werden. Wie sagt die Marschallin im »Rosenkavalier«? »Wie kann denn das geschehen, wie macht denn das der liebe Gott – wo ich doch immer die Gleiche bin?« Ja, ich bin immer die Gleiche, doch in einem Prozess permanenter Verwandlung. Das war ja der Inbegriff dessen, was ich im Theater erreichen wollte. Nehmen wir die beiden zentralen Partien meines Lebens, Salome und Elektra. Beide habe ich in all den Jahren immer wieder neu gestaltet, neue Akzente gesetzt, in ihnen neue Seiten entdeckt. Sie haben sich mit mir entwickelt wie gute Freunde, die mich auf einem langen Abschnitt meines Lebens begleiteten.

Gibt es so etwas wie eine grundlegende Erkenntnis, die Sie aus Ihrer lebenslangen Beschäftigung mit Literatur gewonnen haben?

Dass alles schon einmal gesagt und durchdacht wurde. Man muss sich nur die fremden Gedanken so weit zu Eigen machen, dass sie im eigenen Denken und Handeln zum Tragen kommen. Es gibt ein herrliches Zitat von Karl Kraus, dem großen Wiener Schriftsteller und Philosophen: »Der Gedanke ist ein Gefundenes, Wiedergefundenes, und wer ihn sucht, ist ein ehrlicher Finder. Ihm gehört er auch, wenn ihn vor ihm schon ein anderer gefunden hat.« Als ich für unser Buch meine Briefe und Tagebücher durchgegangen bin, habe ich folgende Notiz zum Thema »Lesen« gefunden:

Seitdem ich lese, wurde bei mir der Wunsch immer stärker, alles, was mir beim Lesen als wesentlich erschien, im Gedächtnis behalten zu dürfen. So entschloss ich mich, auf die erste Seite des Buches jeweils die Seitenzahlen zu schreiben, auf denen Bemerkenswertes zu lesen stand. Das ergibt in Jahrzehnten von Leseerfahrung ein kaleidoskopisches Bild meiner Lebensphasen. In der Wiederbegegnung mit dem schon einmal Gelesenen erkenne ich, dass es in mir etwas zeitlos Bestehendes gibt, von dem ich eigentlich immer weiß, doch dessen Wert ich erst in der Wiederbegegnung erkenne. Wenn ich nach Jahrzehnten einem Satz wieder begegne, den ich damals unterstrichen habe und sofort weiß, warum ich ihn wichtig fand, freue ich mich darüber, dass mich das Lesen von Anfang an auf einem Weg begleitet hat, zu dem ich heute noch ja sagen kann. Und ich frage mich: Welche Auswirkungen hatte dieser Gedanke, den du schon vor langer Zeit so wichtig fandest, auf dein Leben?

»Intelligenz« bedeutet bekanntlich Einsicht. Was zeichnet Ihrer Meinung nach einen intelligenten Menschen aus?

Sicher nicht nur, wie viele Bücher er gelesen oder wie viele akademische Grade er erworben hat. Das Intelligenteste, was ein Mensch meiner Meinung nach tun kann ist, dass er sich als Baumeister seines Lebens begreift. So dass er sich am Ende seines Lebens sagen kann, er ist mit dem, was er an Gaben bekommen hat, verantwortungsvoll umgegangen. Zu diesem Thema habe ich vor Jahren meiner Mutter Folgendes geschrieben:

> Es gibt einen vorgezeichneten Lebensweg, den wir zusammenhängend erkennen, früher oder später. Ich glaube nicht, dass uns diese Erkenntnis erst in der Todesstunde kommt. Die einzelnen Lebensphasen sind Bausteine am Lebensgebäude, das dann das Endprodukt unserer Lebensbemühungen ist. Dieses Lebensgebäude muss dann zuletzt allen Fragen standhalten, auch denen ohne Antwort, die uns das allerletzte Abschied-nehmen-Müssen tröstlich erscheinen lässt.

Gibt es etwas in Ihrem Leben, auf das Sie stolz sind?

Dass ich heute noch Menschen begegne, die mir sagen, wie nachhaltig meine Aufführungen sich ihnen eingeprägt haben und dass ich in ihrer Erinnerung weiterlebe. Oft sprechen mich auch Menschen an, die mich nur von Platten kennen und die beim Anhören der Aufnahmen meine Darstellung vor Augen haben, ohne mich je auf der Bühne gesehen zu haben.

Mit welchen Gefühlen und Gedanken schauen Sie in die Zukunft?

Mit 85 von großen Zukunftsplänen zu sprechen, finde ich etwas vermessen. Andererseits hat es mich sehr amüsiert, als mir jemand erzählte, dass Leopold Stokowski noch mit 92 einen Zehnjahresvertrag mit seiner Plattenfirma gemacht hat. Natürlich plane ich nach wie vor Reisen und hoffe, dass ich das so weitermachen kann wie bisher. Darum freue ich mich jeden Morgen, dass ich ohne Schwierigkeiten aufstehen und einen neuen Tag erleben kann. Und da ich mich schon sehr früh mit dem Sinn des Lebens beschäftigt habe, habe ich auch gelernt, jeden Tag bewusst zu erleben und die Zeit, die mir noch bleibt, als Fortsetzung meines Weges zu erfüllen. Was erhoffe ich mir von der Zukunft? Dass ich nie meinen Humor verliere und eine fröhliche Weisheit behalte, die die Steifheit des Denkens erfolgreich besiegt.

CD-Hinweise

Wie viele große Sänger der 1950er und 1960er Jahre ist Inge Borkh heute auf Platten präsenter als zu ihrer aktiven Zeit. Das hat sicher auch damit zu tun, dass der Markt der historischen Live-Aufnahmen ins Unüberschaubare gewachsen ist. Was es in den 70er Jahren nur auf Schwarzpressungen oder über Tonbandanbieter aus den USA gab (etwa die legendäre Salzburger „Elektra" von 1957), ist seit Jahren ganz legal auf CD greifbar.

Der hauptsächliche Grund aber dürfte darin liegen, dass Inge Borkh zu den großen Sängerlegenden gehört, die uns erleben lassen, was Oper eigentlich sein kann und sein soll: ein Kraftwerk der Gefühle. So bedauerlich es ist, dass von all ihren Elektra-Vorstellungen keine einzige auf Video dokumentiert wurde, so sehr haben wir ihre Elektra vor Augen, wenn wir sie nur hören. Immerhin geben die Ausschnitte aus dem zweiten Akt der Münchner »Frau ohne Schatten«, die zum 80. Geburtstag von Dietrich Fischer-Dieskau auf DVD veröffentlicht wurden, eine Ahnung von der »Singschauspielerin«. Und es bleibt zu hoffen, dass neben der »Oedipus Rex«-Produktion unter Bernstein vielleicht doch noch die Fernseh-Highlights von Inge Borkh (darunter »O namenlose Freude« mit Jess Thomas und diverse Chansons) auf einer Portrait-DVD erscheinen. Parallel zum vorliegenden Buch ist eine Geburtstags-CD bei Orfeo geplant, die Aufnahmen von 1936 bis 2006 enthalten soll – von ersten Privataufnahmen bis zu aktuellen Interviews.

Die folgende Liste erhebt keinen Anspruch auf diskographische Vollständigkeit; vielmehr soll sie dem interessierten Leser und Hörer die Suche nach bestimmten Titeln erleichtern.

Thomas Voigt, Juli 2006

D'ALBERT, TIEFLAND (Martha)
Szenen: Hopf, Stewart, Alda u. a., Bamberger Symphoniker, Löwlein
DG 1961, CD

BEETHOVEN, SINFONIEN NR. 1–9 (Sopransolo)
Siewert, Lewis, Weber, Royal Philharmonic Orchestra, Leibowitz
Chesky/in-akustik, 5 CDs

BEETHOVEN, FIDELIO (Titelpartie)
Szenen: Beirer, Neidlinger, Greindl u. a.; Ansermet
Genf 1964 (live); Gala, 2 CDs (Inge Borkh-Portrait)

BRAHMS, DIE SCHÖNE MAGELONE (Sprecherin)
Konrad Jarnot, Bariton; Carl-Heinz März, Klavier
BR 2002; Orfeo, CD

CHERUBINI, MEDEA (Titelpartie)
Suthaus, Melander, Wagner u. a.; Gui
Berlin 1958 (live); Ponto, 2 CDs (+ Strauss, Vier letzte Lieder)

EGK, IRISCHE LEGENDE (Cathleen)
Berry, Klose, Lorenz, Szemere, Böhme, Frick u. a., Wiener Philharmoniker, Szell
Salzburg 1955 (UA); Orfeo, 2 CDs

GLUCK, IPHIGENIE IN AULIS (Klytämnestra)
Ludwig, Berry, King u. a., Wiener Philharmoniker, Böhm
Salzburg 1962 (live); Orfeo, 2 CDs

ORFF, ANTIGONE (Titelpartie)
Hellmann, Alexander, Stolze, Uhl, Haefliger, Borg, Plümacher; Chor und Orchester des Bayerischen Rundfunks, Leitner
DG 1961, 3 CDs

PUCCINI, TURANDOT (Titelpartie)
Del Monaco, Tebaldi, Zaccaria, Corena u. a., Chor und Orchester der Accademia di Santa Cecilia Rom, Erede
Decca 1955, 2 CDs

SCHILLINGS, MONA LISA (Titelpartie)
Ahlersmeyer, Beirer u. a., Orchester der Städtischen Oper Berlin, Heger
RIAS 1953; Preiser, 2 CDs

SCHÖNBERG, GURRE-LIEDER (Tove)
Töpper, Schachtschneider, Fehenberger, Engen u. a., Chor und Orchester des Bayerischen Rundfunks, Kubelik
DG 1964, 2 CDs

STRAUSS, SALOME (Titelpartie)
- Lorenz, Barth, Hotter u. a.; Keilberth
  München 1951 (live); Orfeo, 2 CDs
- Lorenz, Klose, Frantz u. a.; Schröder
  HR 1952; Myto, 2 CDs
- Vinay, Thebom, Harrell u. a.; Mitropoulos
  Met 1958 (live); diverse Live-Labels, 2 CDs
- Schlußgesang: Wiener Philharmoniker, Krips
  Decca 1955, CD
- Schlußgesang: Chicago Symphony Orchestra, Reiner
  RCA 1955, CD/SACD (»Living Stereo«)

STRAUSS, ELEKTRA (Titelpartie)
- Klose, Kupper, Frantz, Bensing u. a.; Schröder
  HR 1953; Mnemosyne, 3 CDs (+ Schauspielfassung: Becker, Wimmer; SWR 1959)
- Szenen: Yeend, Schöffler, Chicago Symphony Orchestra, Reiner
  RCA 1956, CD/SACD (»Living Stereo«)
- Madeira, Della Casa, Böhme, Lorenz u. a., Wiener Philharmoniker, Mitropoulos, Salzburg 1957 (live); Orfeo, 2 CDs

■ Thebom, Yeend, Tozzi, Lloyd u. a., New York Philharmonic, Mitropoulos
Carnegie Hall 1958 (live); diverse Live-Labels, 2 CDs
■ Madeira, Schech, Fischer-Dieskau, Uhl u. a.., Staatskapelle Dresden, Böhm
DG 1960, 2 CDs
■ Szenen: Mödl, Ericsdotter; Dorati
Rom 1965 (live); Ponto, 2 CDs (+ Elektra, TV-Soundtrack mit Kuchta)
■ Resnik, Schuh, Rayson, Crofoort u. a.; Anderson
New Orleans (live); VAIA, 2 CDs (+ Szenen der Lady Macbeth, N.O. 1967)
■ Resnik, Kubiak, Nurmela, Moeller u. a.; Rieger
Venedig 1971 (live); Mondo Musica, 2 CDs

STRAUSS, DIE FRAU OHNE SCHATTEN (Färberin)
Bjoner, Mödl, Fischer-Dieskau, Thomas, Hotter u. a.; Keilberth
München 1963 (live); DG, 3 CDs
■ Szenen aus dem 2. Akt: DG, DVD (Fischer-Dieskau-Portrait)

■ STRAUSS, VIER LETZTE LIEDER
Orchestre Symphonique de Vichy, Leitner
Ponto, 2 CDs (+ Cherubini, Medea)

VERDI, MACBETH (Lady Macbeth)
Gutstein, O'Neill, Thaw, Adam, Rebroff; Löwlein
Frankfurt 1962 (live); Ponto, 2 CDs (+ Inge Borkh Rarities).

WAGNER, DAS RHEINGOLD (Fricka)
Rehfuss, Pölzer, Pernerstorfer, Jungwirth, Demmer u. a.; Ackermann
Radio Bern 1951; Archiphon, 2 CDs

WAGNER, DIE WALKÜRE (Sieglinde)
Varnay, Treptow, Hotter, Malaniuk, Greindl u. a.; Keilberth
Bayreuth 1952 (live); diverse Live-Labels, 3 CDs

WEBER, EURYANTHE (Eglantine)
Wilfert, Vroons, Kamann, Welitsch u. a.; Giulini
Florenz 1954 (live); Walhall, 2 CDs

INGE BORKH
Szenen aus Fidelio (Genf 1964), Euryanthe (Florenz 1954), Medea (Berlin 1958), Der Fliegende Holländer (RIAS 1951), Die Walküre (ORTF 1958), Die Macht des Schicksals (BR 1960), Aida (SDR 1953), Andrea Chenier (NY 1954 und BR 1960), Mona Lisa (SDR 1953), Die Ägyptische Helena (RIAS 1960), Macbeth (Bloch, 1968), Der Konsul (RIAS 1952)
Gala, 2 CDs

INGE BORKH RARITIES
Szenen aus Macbeth (Frankfurt 1962), Der Konsul (Berlin 1952/Hollywood Bowl 1954), Das Rheingold (Bern 1951), Götterdämmerung (Paris 1958), Aida (BR 1956), Cavalleria Rusticana (BR 1960); Dvorak, Zigeunerlieder (München 1952)
Ponto, 2 CDs

INGE BORKH
Arien aus Alceste, Oberon, Macbeth, Un Ballo in Maschera, La Forza del Destino, Andrea Chenier, Adriana Lecouvreur, Cavalleria Rusticana; Schlußszene Salome; London Symphony Orchestra, Fistoulari
Wiener Philharmoniker, Krips, Moralt
Decca 1955–58; Preiser, CD

INGE BORKH SINGT IHRE MEMOIREN
Kurt Neuss, Klavier
Preiser 1977, CD

In Vorbereitung
INGE BORKH. AUFNAHMEN 1936–2006
Szenen aus Eva, Die Dubarry (1938), Der Troubadour (1943), Der Konsul, Fidelio (1951), Euryanthe, Der Fliegende Holländer, Aida, Andrea Chenier + Bonus-Material
Orfeo, CD

Danksagung

An dieser Stelle möchten wir uns bei allen bedanken, die uns bei diesem Buch tatkräftig unterstützt haben:

Phil Eike, Köln
Dieter Fuoß, Köln
Geerd Heinsen, Redaktion »Orpheus«
Hans A. Hey, Gottlob-Frick-Gesellschaft Heilbronn
Birte Kunstmann, Bayerische Staatsoper München
Jeanne Schmidgall, St. Gallen
Klaus Schultz, Intendant Gärtnerplatz-Theater München
Werner und Ursula Schütz, Engen
Wolfram Traupel, Basel

Namensregister

Adler, Kurt Herbert 63f.
Anders, Peter 15
Arnold, Heinz 101

Beinl, Stefan 43
Bergman, Ingrid 55
Bernstein, Leonard 85, 112, 114
Berry, Walter 89, 117
Bing, Rudolf 65f., 74, 76f., 81f., 117
Bjoner, Ingrid 98
Bloch, Ernest 113f.
Boettcher, Else 32
Böhm, Karl 9, 85, 87ff., 90f., 116
Brecht, Bert 109, 124ff.
Britten, Benjamin 96, 116
Bronner, Gerhard 126
Buckwitz, Harry 82, 101, 108ff., 124f.
Butler Yeats, William 116

Callas, Maria 21, 61, 74f., 104, 107
Casa, Lisa Della 99
Cassidy, Claudia 61, 66, 68f.
Christoff, Boris 70
Cleva, Fausto 21, 61, 63, 85
Corena, Fernando 74

Damrau, Diana 111
Davis, Bette 9
Decker, Willy 111
Dürrenmatt, Friedrich 109

Ebert, Carl 101, 105ff.
Eger, Paul 41
Eggerth, Martha 28
Egk, Werner 38, 116f.
Eisenhower, Dwight D. 73
Everding, August 128
Eysoldt, Gertrud 23

Fassbaender, Brigitte 111
Fischer, Res 40, 87
Fischer-Dieskau, Dietrich 97
Flagstad, Kirsten 20, 61, 63, 69
Flickenschildt, Elisabeth 127
Forst, Willi 30
Fricsay, Ferenc 45, 91
Friedell, Egon von 135
Furtwängler, Wilhelm 26

Gergiev, Valery 129
Gerhaher, Christian 11
Giulini, Carlo Maria 85, 93
Gluck, Christoph Willibald 89, 92
Gobert, Boy 127ff.
Goethe, Johann Wolfgang von 135
Goltz, Christel 76
Grob-Prandl, Gertrude 62
Gutstein, Ernst 15

Hartmann, Rudolf 22, 42, 96f., 105f.
Hatheyer, Heidemarie 29
Havilland, Olivia de 9
Hearst, Siegfried 69, 73f., 77
Hofmannsthal, Hugo von 23, 136
Hollmann, Hans 124, 127
Holst, Maria 29
Hopf, Hans 93, 96

Jansons, Mariss 11, 129

Kahlbeck, Josef 31
Karajan, Herbert von 57, 71, 85, 114
Keilberth, Josef 85, 93, 96
Kempe, Rudolf 85
Kissin, Ewgeni 11, 129
Kleiber, Carlos 85, 99, 101
Klose, Margarete 50, 61, 87, 117
Knappertsbusch, Hans 39, 85, 91, 96

Knef, Hildegard 126
Konetzni, Anny 39
Kralik, Heinrich 76, 79, 86
Krannhals, Alexander 32, 42
Kraus, Karl 42, 136
Krauss, Clemens 42
Krenn, Fritz 39
Krips, Josef 65, 85f., 93, 96, 116
Kruse, Werner 124f.
Kubelik, Rafael 112

Lehár, Franz 32
Lehmann, Lilli 37
Leitner, Ferdinand 100, 112f., 114, 116
Lengsdorf, Ewald 37f.
Liebermann, Rolf 120
Liebstöckl, Fritz 41
Löbl, Karl 23, 25
Lorenz, Max 50, 52, 117
Ludwig, Christa 89, 91
Ludwig, Leopold 91

Madeira, Jean 9, 87, 90
McIntyre, Donald 17
Melancon, Louis 77, 79
Menotti, Gian-Carlo 8, 17f., 44f., 47, 64f.
Merola, Gaetano 63
Metternich, Josef 93, 96
Milhaud, Dariuz 124
Millöcker, Carl 32
Milva 126
Mitropoulos, Dimitri 61, 65, 76, 78f., 80, 85, 87, 116
Mödl, Martha 20, 97
Moratti, Vittorio 20, 31ff., 36ff., 40ff.

Neumann, Gretel (Mutter) 12, 26f., 42
Nicolai, Aldo 127
Nilsson, Birgit 21, 71

Ollendorff, Fritz 31, 33, 36
Ormandy, Eugene 65
Orff, Carl 112, 114, 116
Ott, Helen 32

Paul, Jean 123

Reiner, Fritz 61, 67ff., 72f., 85
Reining, Maria 39
Rennert, Günther 50, 57ff., 99, 105f.
Rennert, Wolfgang 122
Resnik, Regina 94
Respighi, Elsa 109
Respighi, Ottorino 107, 109
Reszke, Jean de 29
Rethy, Esther 39
Rohs, Martha 39
Rossi-Lemeni, Nicola 113
Rother, Arthur 47f.
Rott, Adolf 46f., 87
Rysanek, Leonie 65

Schäfer, Walter Erich 100
Schiller, Friedrich 135
Schillings, Max von 19f.
Schöffler, Paul 50, 61, 71, 74
Schönberg, Arnold 112
Schostakowitsch, Dmitri 114f.
Schramm, Friedrich 45
Schuh, Oscar Fritz 117
Schultz, Klaus 8, 144
Schwarzenegger, Arnold 81
Schweitzer, Albert 129, 134
Sebastian, Georges 85
Shakespeare, William 109, 114, 127f., 136
Simon, Franz (Vater) 26f., 52
Simon, Gretel geb. Neumann (Mutter) 12, 26f., 42
Solti, Georg 55, 61, 70, 74, 85, 92f.
Steinberger, Emil 125
Stokowski, Leopold 139
Strauss, Richard 11, 23f., 39, 42f., 69, 85f., 100, 112
Stuckenschmidt, Hans Heinz 45
Suthaus, Ludwig 62
Svéd, Alexander 36
Szell, George 117
Szemere, Laszlo 38, 117

Tal, Josef 112, 118ff.
Talma, Louise 119

Taubman, Howard 78
Teilhard de Chardin, Pierre 133
Teschemacher, Margarete 39
Thomas, Jess 96f.
Tietjen, Heinz 44f., 48f., 52, 86, 105
Tolnai, Margit von 29f.
Tozzi, Giorgio 81

Uhl, Fritz 96
Ulrich, Trude 40
Ustinov, Peter 7

Varnay, Astrid 20
Vengerov, Maxim 129
Verdi, Giuseppe 39, 41, 85, 110, 114
Vichey, Luben (= Vichegonov, Ljubomir) 61, 73f.
Vickers, Jon 74

Wagner, Richard 14, 20, 36, 69, 71, 87, 101
Wagner, Wieland 20, 74, 101f.
Wallmann, Margherita 101, 109
Weber, Anni 42
Weingartner, Felix von 41, 45
Weisker, Otto 36
Welitsch, Alexander 51f., 54ff., 57, 70, 74
Welitsch, Ljuba 66
Werner, Margot 126
Wiesenthal, Grete 29
Wilde, Oscar 123
Wilder, Thornton 119
Wittrisch, Marcel 50

Zallinger, Meinhard von 48

Bildnachweis

Agenzia Fotografica Allotta S. *25, 123*; Atelier Dietrich S. *115*; Bender S. *54, 57; 67*; Berger S. *40 links*;Betz, Rudolf S. *96*; Bildarchiv Inge Borkh S. *8, 10, 22, 27, 29, 30, 34–35, 42, 44, 51, 58, 62, 64 rechts, 77, 103, 104, 106, 108, 113, 117, 127, 128*; Broneder, Elfriede S. *80*; Buhs, Ilse S. *20 beide, 105*; Deutsche Grammophon S. *90;* Ellinger S. *49;* Fayer S. *24, 133*; Giessner S. *18*; Inglis, Norward S. *15 links*; Jehle, Hugo S. *98*; Kaufman, Schima S. *72*; Köster, Heinz S. *46, 88;* Lawrence-Phillip Studios S. *70;* Mélançon, Louis S. *83, 131;* National Artists Corporation S. *79;* Opelka, Richard S. *137;* Reed, John E. S. *73;* Rothschild S. *64 links;* Saeger, W. S. *40 rechts*; Savio, Oscar S. *107;* Schütz, Gert S. *48;* Sickinger, Uwe S. *12;* Skelton Studios S. *21;* Speidel, Elisabeth S. *118;* Steinmetz, Hildegard S. *92;* Strelow, Liselotte S. *102;* Swiridorff S. *15 rechts*; Toepffer, Sabine S. *93, 97;* Voigt, Thomas S. *66;* Wilson, Reg S. *17, 94, 95;* Wyss, Kurt S. *99;* Zehnder, Otto S. *125*.